企事业办公室与内控管理研究

徐　茂　龚子芸　郭　蕾　著

吉林出版集团股份有限公司

图书在版编目（CIP）数据

企事业办公室与内控管理研究 / 徐茂，龚子芸，郭蕾著 . -- 长春：吉林出版集团股份有限公司，2024. 8.

ISBN 978-7-5731-5807-9

Ⅰ . C931.4；F272.3

中国国家版本馆 CIP 数据核字第 2024D2B800 号

企事业办公室与内控管理研究

QISHIYE BANGONGSHI YU NEIKONG GUANLI YANJIU

著　　者	徐　茂　龚子芸　郭　蕾	
责任编辑	王艳平	
封面设计	牧野春晖	
开　　本	710mm×1000mm 1/16	
字　　数	183 千	
印　　张	11	
版　　次	2025 年 1 月第 1 版	
印　　次	2025 年 1 月第 1 次印刷	

出版发行	吉林出版集团股份有限公司
电　　话	总编办：010-63109269
	发行部：010-63109269
印　　刷	三河市悦鑫印务有限公司

ISBN 978-7-5731-5807-9　　　　　　定价：79.00 元

前 言 PREFACE

在现代社会中，随着经济的快速发展和组织结构的日益复杂，企事业办公室与内控管理的重要性日益凸显。《企事业办公室与内控管理研究》一书，旨在深入探讨办公室工作的高效运作与内控管理的最佳实践，以期为企事业的稳健发展提供坚实的管理基础。

本书首先从企事业办公室的办文工作入手，详细介绍了公文写作和事务性工作的办事指南，为办公室工作人员提供了日常工作的基本遵循。接着，书中深入分析了办会工作的各个环节，从会议筹备到服务再到后期整理，为高效会议的举办提供了详尽的指导。

在办公室办事工作核心方面，本书不仅涉及了办公环境管理、电话管理、邮件处理等日常事务，还对印信管理、值班工作以及接待工作等进行了细致的阐述。此外，文书档案管理作为办公室工作的重要组成部分，本书也提供了系统的管理方法和技巧。

办公室工作人员的必备素质也是本书关注的重点，书中对基本技能、沟通与协调能力、心理素质培养等方面进行了全面探讨。

公共关系及应急管理是现代办公室工作的重要组成部分，本书从对象型公关、危机公关、互联网公关等多个角度，探讨了办公室公共关系管理的策略和方法。

企事业办公室与内控管理的有效实施，对提高组织运行效率、保障信息安全、优化资源配置、增强风险应对能力等方面，具有重要的社会和经济意义。本书的研究成果不仅有助于企事业内部管理水平的提高，也对促进社会经济的健康发展具有积极作用。

在本书的撰写过程中，我们广泛收集和参考了国内外办公室管理和内控管理的最新研究成果和实践经验，力求做到理论与实践相结合，科学性与实用性并重。然而，由于办公室管理和内控管理涉及的领域广泛，加之作者学识有限，书中的某些观点和论述可能存在不足之处。我们真诚地期待广大读者和同行专家提出宝贵的意见和建议，以便我们不断改进和完善。

最后，我们要感谢所有支持和参与本书编写工作的同人和朋友。他们的智慧和努力，为本书的完成提供了宝贵的帮助。我们也希望本书能够成为企事业办公室工作人员、内控管理专业人士以及相关领域学者的有益参考，为推动企事业办公室与内控管理的发展做出贡献。

徐　茂　龚子芸　郭　蕾

2024 年 6 月

目 录 CONTENTS

第一章 企事业办公室办文工作核心

第一节 办公室公文写作

■ 一、了解办公室公文的基础知识

（一）办公室公文的含义

办公室公文是指国家机关、企事业单位、社会团体及人民群众，在日常工作、生活中办理公务和个人事务时经常使用的具有惯用格式的文书。它有别于以抒发主观感情、反映现实生活为主的文艺性创作，是为处理公务和私人事务而写的，是一种最直接、最有效的交流思想、传播信息、解决问题、为社会服务的实用性文体。

（二）办公室公文的分类

办公室公文分为公务文书和私务文书两类。其中，公务文书分为通用公务文书和专用公务文书两类。私务文书在此不详细介绍。

1．通用公务文书

通用公务文书是指在各行业都可使用的文书，包括法定公务文书和普通事务公务文书两类。其中，法定公务文书是党、政、军机关使用的文书，简称公文，特指国家行政机关公文；普通事务公务文书没有使用界限，包含种类繁多，常见的有简报、计划、总结和调查报告等。

2．专用公务文书

专用公务文书是指在特定的工作部门或一定范围内，按照特定需要专门使用的文书，主要包括财经文书、法律公文、科技文书、军事文书和外交文书等。

（三）办公室公文的写作特点

办公室公文是一种特殊的写作过程，具有以下几个特点：

1．实用性

小说、诗歌、戏剧等文学作品能给读者以审美享受，有助于读者认识生活，却无法直接解决生活中的实际问题。办公室公文写作不是为了审美，而是要解决实际问题，具有很明确的实用性。比如，写一则新闻，就能达到传递消息的目的；写一份公文，就能发挥其管理职能。任何一篇办公室公文，都有特定的目的以及需要解决的实际问题。

2．时效性

文学作品的写作除了特殊情况外一般不讲究时效性，作者可以只追求作品的完美，而不用担心时间。办公室公文则不同，写作时必须讲究时间和效益。例如，会议通知一定要在开会前写完并发出，若会议开过后才写完，便失去了其效用。

3．真实性

文学作品写作中，为了渲染氛围可以夸大情节、虚构人物，但写作办公室公文时所选的材料必须是真实的，涉及的人、事、物必须是现实生活中客观存在的，引用的数字、数据、图表等必须是经过科学测算的，不能道听途说、凭空捏造。真实性是办公室公文的生命，若失去真实性，公文便失去了它的使用价值。

4．规范性

文学作品在写作时讲究独创性，力图摆脱模式的束缚。办公室公文为了方便写作和使读者阅读起来一目了然，在文体和格式上有相对统一的要求和标准。例如，公布社会有关方面应当遵守或周知的事项时，应使用通告；表彰先进、批评错误、传达重要精神或情况时，应使用通报。

5．限制性

文学作品问世后，对读者范围没有限制，任何人都可以阅读。办公室公文因其具有明确的针对性，必然会限定读者的范围。

▌二、了解办公室公文写作的基本要素

（一）确立主题

主题是作者在文章中表达的中心思想或基本观点。一篇文章要表现什么

思想、说明什么问题，都集中体现在主题上。主题是否正确、深刻有力，是文章好坏的基本标志。写作主题一旦确定，文章内容的取舍、结构安排、语言运用都要紧紧围绕主题，受主题支配。因此，选准、选好主题，是写好文章的关键。写办公室公文时，对主题有以下三点要求：

1．正确

主题正确是写办公室公文的基本要求，即主题必须符合党的路线、方针、政策和国家的法律法规，必须符合客观实际情况，反映客观事物的本质规律，对工作有积极指导作用，经得起实践检验。若文章主题错误，会给实际工作带来很多麻烦。

2．鲜明

写办公室公文时必须观点明确，肯定什么、反对什么要表述清楚，绝不能模棱两可，要使读者能够正确理解文章观点。

①主题有针对性，能回答现实生活和实际工作中需要解决的问题。

②主题清晰、明确，内容描述、语言表达是肯定的。

③主题完整，在公文中提出问题后，要分析并解决问题，不能只提出问题而不解决。

3．集中

主题集中是指公文应突出一个重点，围绕一个中心思想把问题说清说透，不要试图在一篇文章中表述多个意图，也不要使用过多与主题无关的材料，避免分散主题。有些综合性报告需要同时表述几件事情，这时应抓住事物的主要矛盾和共性，做到突出重点、主题集中。

只有主题集中，才能使对方更容易理解公文，处理有关事项，执行有关规定。如果公文主次不分，就会影响公文的表达效果。

（二）收集材料

办公室公文写作十分依赖材料。为了表现主题，往往需要收集一系列材料，使主题真实、立体地表现出来。

1．办公室公文材料的特点

不是所有材料都适用于办公室公文，选材时应注意以下几点：

（1）材料的真实性。办公室公文选用材料时不能改变材料本身性质，必须保持材料的真实性，如时间、地点、数据、事实过程及结果，否则会使材料本身价值发生变异，歪曲事实，不仅不能解决问题，反而会误导读者。

（2）材料的新颖性。选取办公室公文的写作材料时，应选取那些反映客观事物发展变化趋势，说明客观事物新面貌、新政策、新数据、新发现的材料，因为新颖的材料更符合时代特点，容易引起人们的共鸣，给读者以思想启示。

（3）材料的典型性。这是指选取的材料要能支持主题和说明问题，可以是一个具体的事例、一些有说服力的数据和带有普遍性的现象。选材时，要根据主题和观点的需要，选择不同类型的典型材料。

2．获取材料的方法

材料必须依靠平时的搜集与积累，获取材料的主要途径有以下几种：

（1）社会实践。在工作实践中做个有心人，时刻关注有价值的事件及数据，及时记录并收集做了哪些工作、采用了什么方法、取得了什么效果、哪些人参与等信息。同时，全面、系统、动态地观察，做到实事求是，防止主观武断、先入为主，以获取真实、广泛、完整的材料，并把观察所得及时整理成文字，为写作提供基础。

（2）调查研究。个人的时间和视野总是有限的，也很难进行深入细致的观察，这就需要你走向社会，向有关人士了解情况，拓宽视野，掌握尽可能多的材料。

（3）查阅资料。写办公室公文时，常常会从有关文件、正式出版物以及会议资料中获取材料，因此，大量查阅文献资料以获取材料是公文写作常用的方法。

（三）结构安排

办公室公文的结构是指根据主题需要，对文章各部分进行组织与安排。公文结构通常包括标题、开头、正文和结尾四个部分，下面分别进行介绍。

1．标题

办公室公文的标题要充分体现主题，遵循一定的规范要求，常见的标题形式如下：

（1）公文式标题。这类标题程式化比较强，表达直接且少变化，主要用于各类公文。

（2）新闻式标题。它分为单标题和双标题两种形式。

（3）论文式标题。这类标题或表达文章观点，或点明论述范围，如"关于房产抵押若干问题的思考"。

2．开头

办公室公文的开头起统领全文、揭示主题的作用，要求开门见山。

常见的开头方式有以下几种：

（1）小结概述式。语言简明扼要，围绕主题介绍有关情况或背景。

（2）说明依据式。开头引用上级指示精神或有关法律，常以"根据、按照、遵照"等词语领起下文。

（3）陈述目的式。开头以简明语言直接说明写作的目的和意义，常用介词"为、为了"引领下文。

（4）说明原因式。开头常用"由于、鉴于、因为"等词领起下文，也可简述发文原因，再引出写作目的。

（5）阐述议论式。开头用议论的表达方法，表达作者的看法、提出观点。

（6）开头提问式。先提出问题，然后引出下文。这能引起读者的注意和思考，常见于调查报告、学术论文。

3．正文

正文是公文的核心内容，材料集中体现，观点逐级展开，主旨得到凸显。因此，处理好正文的层次结构，是办公室公文谋篇布局的关键。

（1）内在结构顺序。内在结构顺序是指写作办公室公文时，按其内在层次结构安排顺序，通常考虑时间结构顺序、空间结构顺序、时空交叉结构顺序和事理逻辑结构顺序。

1）时间结构顺序：以事物的产生、发展、变化过程或时间先后顺序安排文章内容，是一种纵式结构。使用这种写法时，要分析事件的发展过程，区分不同阶段与主次，分别叙述，使读者可以抓住事物要点。写作单位的大事记、工作简报等公文时，可采用这种结构。

2）空间结构顺序：以空间变换顺序安排文章内容，是一种横式结构。使用这种写法时，要先按事物相关关系分类，把主体分成几个部分或方面，再将各部分横向排列，逐个阐述。通过深入浅出的分析，先抓住问题的"总"，然后以"总"为中心推导出相互并列的"分"。

3）时空交叉结构顺序：将时间结构顺序和空间结构顺序交叉结合安排文章内容，是一种纵横式结构，又叫作合式结构。

4）事理逻辑结构顺序：以事物的内在逻辑联系安排文章内容，即按判断、分析、推理、综合等逻辑思维方式的顺序安排文章内容。写作法律公文、总结和情况报告时，可使用此种结构。

（2）外在文面结构形式。外在文面结构形式是指办公室公文的外在表现形式，通常有小标题式、条目式、标序式等形式。

1）小标题式：如果办公室公文内容较长、涉及面较广，需要分成几部分，每个部分提炼出一个总结本部分中心思想的小标题或分论点。各部分的小标题集中起来，展示出整篇文章的结构框架和基本内容。小标题大体分为两类：一类是概括本部分的要旨，如"依靠科技兴厂增效"；另一类是点明内容范围，如"成绩与经验""工作展望"等。

2）条目式：将公文主体内容按结构要求分为若干条项。

3）标序式：用序号标出内容层次，做到条理分明。在难以提炼确切小标题或首括句时，可采用此形式。条款标序式的情况有两种：一种为大段标序，即在小标题位置处标序，将文章分为几大块，如"一、基本情况""二、成绩与经验""三、下一步工作展望"；另一种为条款标序，只以序数编排，不设首括句，主要用于条款内容较短的办公室公文。若内容中的条款较多，再添加如"（一）、1.、（1）、①、A、a"等小序号。

4. 结尾

办公室公文的结尾讲究言尽意尽，但不能草率。常用的结尾方法有以下几种：

（1）强调式。对文中提出的问题进行强调说明，以引起重视。

（2）总结式。对文中主要观点或问题加以归纳总结或略做重申，以加深印象。

（3）说明式。对与主体内容有关但性质不同的问题或事项做补充交代、说明，以保证内容的完整性，如公文结尾写明实行日期、执行范围、传达对象、与该文规定不符的原有规定如何处置等；公文结尾说明尚未解决应另讨论的问题。

（4）号召式。提出希望，发出号召，展望未来。公文通报、市场预测、倡议书、计划书等常用这种结尾形式。

（5）建议式。针对实行目标、存在问题，提出意见和建议。

（6）责令式。多用于下行公文，即向下级提出贯彻执行的要求，如"以上各点，希望遵照办理""希望认真执行""请研究执行"等。有的办公室公文在结尾处已经融入主体部分，则不必再另写结尾，自然收尾即可。

（四）语言运用

与文学作品相比，办公室公文不必也不允许追求丰富的想象，它的语言具有准确、简洁、朴实等特点。

1．准确

办公室公文语言特别强调准确。准确是指努力使语言表达符合客观实际，事实、数字甚至细节必须准确、可靠。

（1）用词准确，不出现语言模糊和语义分歧的情况。语言模糊，是指语言意思表达不明确，不能准确表达概念。比如，一份起诉意见书结论部分的定性语言为："被告人犯有人身伤害罪、侵犯财产罪。"此为司法文书语言不明确的含糊表达。司法文书定罪、定性必须到条到款，这两大罪实际包含许多具体条款，没有表达出来到底是哪一条、哪一款。

（2）注意语言得体。即恰当地选择字、词、句和语气，准确把握好该写什么、不该写什么，该怎么表述、不该怎么表述，该说到什么程度、不应该说到什么程度。不同类型的办公室公文语言，必须符合文种要求。

2．简洁

为提高阅文办事效率，办公室公文语言必须简洁明了，即用尽可能少的文字传达尽可能多的信息，避免语言的赘述和重复。

（1）去掉累赘部分。如"在基本建设中确实存在许多需要纠正的不良倾向"句中，"不良倾向"本在"纠正"之列，故应删去"需要纠正的"几个字。

（2）力戒堆砌。如："我们一定要把这条街道建成美丽的、文明的、花园式的、人人喜爱的、秩序井然的、非常繁华的现代化街道。"这句话堆砌了众多形容词，给人矫揉造作、华而不实的感觉。

（3）不要苟简。应该说的话不说，应该用的词不用，单纯追求文字少，损害语言的表意功能，这种情况就是"苟简"。

（4）适当使用文言词语。保留文言词语的固定用法是公文语言简洁的一个特色。

3．朴实

办公室公文是处理事务的工具，也是沟通信息的基本方式。因此，语言要朴实，用实实在在的语言直接明白地把事物的本来面目反映出来，不追求华丽辞藻，也不搞形象描写，更不用含蓄、虚构的写作技巧。

▌三、办公室公文的审查和修改

审查和修改是办公室公文写作的最后一个步骤，也是非常重要的环节。文不厌改，办公室公文写作更是如此，稍有差池，就可能影响它的实用效果。

（一）办公室公文的审查

办公室公文写作完成后，需要对文章标题、主题、结构、材料以及语言等进行审核与检查。

1．标题

审查文稿时，首先，查看标题是否简练、直接，如"销售部上半年工作总结汇报"。其次，查看公文标题是否与内容相符，如需向上级机关汇报工作、反映情况等，标题应为"报告"；若是上级机关对下级机关中典型的先进事迹、人物进行表彰，或对严重错误予以批评教育，文书标题则为"通报"。

2．主题

办公室公文的主题一定要明确，也就是说，文稿说明或解决的问题要非常清楚。审查时，应查看文稿是否抓住了重点问题，全文是否围绕这一重点问题展开。若非如此，应删除多余内容或修改相关语句。

3．结构

不同文种的办公室公文有其相对固定的体式规范，一些常用词语或短语也可成为结构的组成部分。审查文稿结构时，首先，应查看其是否符合相应的体式要求；其次，检查文稿层次条理是否清楚，详略安排是否得当，段落是否合乎逻辑，过渡衔接是否连贯自然。

4．材料

办公室公文引用的材料要确保准确、可靠。材料是支撑文章观点的关键要素，材料不实、观点不正确，文稿的作用和影响力就会大打折扣，影响实际应用。另外，审查文稿材料时，还应考虑所选材料是否典型、能否说明问题，否则应置换材料。

5．语言

办公室公文的语言要准确、精练，不能有错别字，用词讲究，不产生歧义，注意词语的感情色彩和语体色彩。另外，也应考虑句式表达是否得当、符合逻辑、衔接紧密，确保正确使用标点符号。

（二）办公室公文的修改

办公室公文修改应从内容到形式、遣词造句到标点符号进行整体推敲、衡量。常用的修改手段有增、减、调、换四种。

1．增

所谓增，就是增加材料。在计划、总结、调查、报告之类的办公室公文写作中，应尽量使文章中所用的每种材料对主题来讲是充分、必要和具有典型意义的。如果原有材料不足以说明主题，必须增加材料。当然，增加的材料是有选择性的，必须遵循支撑正文观点的原则。

2．减

所谓减，就是删减材料。办公室公文写作中，选择和运用材料要以一当十，越精越好，凡是与表达主题思想无关或不真实、不典型的材料都应删除，这样才能既突出文章主题，又使语言表达凝练简洁，取得好的效果。

3．调

所谓调，主要指调整文章结构。结构是文章的形体，必须严密顺畅，条理清楚。如果逻辑结构出现漏洞，文章内部层次、段落顺序安排不合理都会影响主题表达，造成读者理解障碍和认识混乱。出现这种情况时，要调整文章结构，重新安排层次、段落顺序，以切合文章内在的逻辑和主题表达需要。必要时，可调整同段文字的内在表达顺序，如结构前置、先分后总等，以便清楚反映文章意图。

4．换

所谓换，是指换材料。凡是不能准确反映写作意图、不能很好支持主题的例证材料，无论多么生动都要换掉。对于不适合的字、词、句以及标点符号都应及时更换，以保证文章的顺畅。

四、办公室公文写作的必备能力

（一）观察认知能力

办公室公文反映的是客观现象，其主旨来自实践，材料也源于实践。写作者必须有较强的观察认知能力，才能观察、感知物质世界的表象，认知物质世界的内在联系和本质。

1. 对客观规律的认知

认知事物，感知表象不是目的，而是要认知其内在规律。不能准确把握事物规律，文章就无法形成正确的主旨思想。办公室公文的主旨一旦有偏差或错误，就会直接为工作带来损失。

2. 对政策、法律、方针的认知

办公室公文反映的是社会的新情况、新动向，任何从事办公室公文写作的人想写出符合时代特质的文章，必须首先认识和把握当前社会的主旋律。

3. 对语言、文字的认知

对语言的理解认知能力，是办公室公文写作者的基本功，既要有接听电话、商洽事务的简单语言听知应变能力，还要有对环节繁多的调查访问、大型座谈会、互动问答以及听取各种指示、发言等比较复杂活动的听知能力。

很多情况下，写作办公室公文需要的材料不是作者从实践中获取的，而是从别人那里提取的。如向上级呈报的工作报告，除了作者亲身实践获得的第一手材料外，更多的是从本部门的汇报材料中整合出来的。如果文字阅读能力不强，对文字的认知能力欠缺，很难整合出可以反映工作成果、体现行为价值的材料。

（二）思维能力

思维能力是人类特有的精神活动，通过综合分析观察到的表象、概念，达到揭示事物本质的目的。

1. 整合与概括能力

整合材料，是指根据写作目的，对材料进行分解再认识，将有内在联系的各部分重新组合。概括是对同类事物进行归纳，找出共性予以归类，揭示其深层实质。无论是对工作进行例行总结，还是将讨论、发言内容整理成汇报或通报材料，都需要一定的整合能力与概括能力。

２．分析与解决问题的能力

写作办公室公文时，不是机械地复制文字材料，而是需要充分发挥主观能动性，参与到办公、例会、处理领导交办的具体工作中。能否快速、准确地完成工作，取决于有没有分析与解决问题的能力。

（三）文字表达能力

尽管办公室公文的写作技巧比较单一，但与其他文体写作一样，写作者必须具备一定的文字表达能力才能正确表达思想。

文字表达能力是一种综合能力，它包括主题的提炼能力、材料的选择和使用能力、结构的安排能力和语言的运用能力。

第二节　事务性公文的办事指南

一、计划

（一）计划的概念

计划是指单位或个人为了在一定时期实现一定的目标，采取相应措施和步骤的事务公文，通常所说的规划、安排、设想、方案等都属于计划这一范畴。日常学习和生活中，制订周密的计划可确保任务更好地完成，并对日后工作起着明确的指导作用。

（二）计划的特点、分类和结构要素

１．特点

（1）预见性。它是写作计划的主导思想。计划制订于工作进行之前，而工作中往往会遇到某些新情况甚至困难，对此作者在思想上要有预先认识，对可

能影响计划执行的各种主客观原因进行正确分析和判断，提出相应的解决措施。

（2）目标的可行性。制订计划的目的在于指导实践，因此计划所列目标必须从本单位或本人的实际情况出发，研究出计划得以实施的最佳方案，以确保计划切实可行，尤其应避免好高骛远。另外，鉴于工作中无法预测的意外事件可能对计划产生不良影响，在制定目标时要预留一定的可变通空间，不可过于呆板和固定。

（3）内容的明确性。任何一项计划都是专为某具体工作做出的，这就要求计划中所规定的任务、工作方法、步骤都应重点突出、具体明确，切忌空洞无物、语意模糊。

2．分类

按不同标准，计划可分为不同类型。

（1）按内容范围划分。可分为全面计划和专项计划两种：全面计划指的是单位或个人在一定时期内对各项工作的计划，专项计划指单位或个人在一定时期内对某项工作的计划。

（2）按写作形式划分。

1）表格式。它是使用表格形式将计划中的事项、内容、执行时间等表现出来的计划类型。这一形式适用于内容较简单、项目较固定、不必详细说明的计划，如课程表、日程表等，其优点是简便、易于查看。

2）条文式。它是指将计划内容条文化地表现出来的计划类型，这是应用最普遍的计划形式，如工作计划、学习计划等，其优点是结构清晰、叙述具体、便于操作。

3）综合式。它是表格式与条文式结合的计划类型，以条文为主，辅以表格说明，适合内容较复杂的计划，如大的计划中又有小范围的安排时，可考虑采用综合式进行写作。

3．结构要素

计划主要由标题、正文和落款组成。

（1）标题。一般采用公文式写法，由单位、时间、内容、文种组成，文种可以采用"方案""安排"等。

（2）正文。此为计划的主要内容，包括前言、主体、结尾三部分。

第一，前言。主要表明制订计划的依据和指导思想，说明为什么要这样做，也可同时概括说明做什么、做到什么程度等。写作时简明扼要，可以统率、引领全文。前言可以与主体融为一体，也可省略不写。

第二，主体。它说明计划的基本内容，又称计划四要素，即具体的任务、目标、措施、步骤，是计划的核心。它紧接计划前言，内容较多，一般可标注序号或小标题。

1）任务，即做什么，是计划完成的具体事项。任务写作要具体、明确且重点突出。

2）目标，即做到何种程度，是计划中任务要达到的基本要求。目标选择要适度，符合计划的可行性特点，有达到的可能性。

3）措施，即如何做，是完成任务和目标使用的具体方法。恰当的措施是实施并完成计划的保证，写作时要实事求是，既得当又得力。有些计划还应提出避免或克服障碍的有力措施，尽量周全。

4）步骤，即何时做，指工作的程序和时间，哪些工作先做、哪些后做、具体哪个时间做，写作时必须做出科学合理的安排，才能保证计划有序进行。在措施与步骤中，对计划实行所需的部门、人员、条件等也应有具体规定。

第三，结尾。一般是提出希望，发出号召，以鼓励工作人员为实现计划而努力，如认为无必要也可省略不写。

（3）落款。制订计划的单位名称和日期，写在计划正文的右下方。如标题中已有单位名称，此处可以省略。

■ 二、总结

（一）总结的概念

总结是单位或个人对前一阶段的工作、学习情况等进行回顾和分析研究，从中找出成绩和经验、问题和教训等规律性认识，为今后工作提供指导和借鉴的一种事务公文。

（二）总结的特点、分类和结构要素

1. 特点

总结除了有与计划相同的写作要求外，还应有以下特点：

（1）认识的理论性。总结不仅仅是反映情况，更重要的是找出成功的经验和失败的教训，探寻出规律性的东西，以指导工作。所以，总结要在正确理论的指导下，通过对材料的综合分析，透过工作现象认识其内在本质，将认识上升到一定的理论高度。可以说，总结的理论性越强，其指导意义就越大，二者成正比。

（2）表述的概括性。总结是对自己或本单位工作的检查和评述，一般采用第一人称，表达方式为叙、说、议结合。无论哪种方式都应具有较强的概括性，不需要具体描写和展开论证。

2．分类

计划是事前行文，总结是事后行文，并且是下一个计划制订的主要依据，所以二者的分类是相对应的。

（1）按范围标准分为单位总结、部门总结、个人总结等。

（2）按时间标准分为年度总结、季度总结、月份总结等。

（3）按内容范围标准划分：

第一，综合性总结，又称全面总结，是对前一时期各项工作的总结，涉及面广，内容繁多，既要表现整体也要有所侧重，如公司年度总结。

第二，专项总结，又称专题总结，是对前一阶段某项工作的总结，其对象虽是专门的，但关系到此项工作各方面的内容不可一概而论，须主次分明。

3．结构要素

总结的结构要素与计划相同，由标题、正文、落款三部分组成。

（1）标题。综合性总结和专项总结的标题写法有所不同。

（2）正文。

第一，前言。它是对工作总体情况的概括。综合性总结与专项总结在前言的具体写法上有所区别。

1）综合性总结的前言写法较固定，主要是概述工作过程和对工作的基本评价。如某一阶段工作无大的特色，可用"某季度××公司在员工的共同努力下，做了大量工作，取得了一定成绩，但也有许多不足，现总结如下……"套语代替。

2）专项总结前言的写法相对灵活，不受固定因素限制，一般有两种：一是总括观点，列出主要工作成果，如有的主要讲成绩经验，有的主要讲不足和教训。除专门总结失败原因的总结外，前言写作一般以概括成绩为主。二是用提问的方式导入主体内容。

第二，主体。一般包括三个要素，具体内容如下：

1）成绩收获或问题教训，即做了什么，要求真实全面。

2）具体做法，是对前言相关内容的展开，即如何做的、做到何种程度，是全文的中心，内容最多，详细介绍工作方法与措施。

3）存在不足与努力方向，即今后如何做，提出工作中的不当之处，找出改进的方法和目标。专项总结中，这部分可简写或省略，要求中肯、有针对性，切忌大而空。

主体部分的写作要求既有理论深度，又有典型事例和数据，使之对观点具有说服力；结构按由主到次的逻辑顺序排列；形式要分条列项。

（3）落款。落款包括署名和日期，标题中如有单位名称则可省略，有些随公文送报的总结不必写日期。

■ 三、述职报告

（一）述职报告的概念

述职报告是国家机关、企事业单位或社会机构的领导人、公务员或专业技术人员，向上级领导机关、主管部门以及本单位的干部，陈述本人或集体履行岗位职责情况的书面报告，是一种有针对性、特定目的的工作总结。

（二）述职报告的特点、分类与结构要素

1. 特点

（1）报告内容主次分明，个性突出。述职报告是在客观真实的基础上对主要工作情况进行汇报，不要求面面俱到。报告内容必须突出主要问题，如有代表性的成果或典型经验教训，日常事务性例行工作可略写或不提。

（2）述职报告内容的个性更为鲜明。由于行业岗位各有不同，工作内容与要求必然各具特色。即使是担任相同职务的工作人员，其工作业绩与工作方式也必有与众不同之处。述职报告要在共性的基础上尽量表达自身的工作个性。

（3）表述方式直截了当。述职报告注重事实表现，表达方式以叙述为主，

辅之以简要说明，无须长篇大论。因此，报告中的语句要简明流畅，忌冗杂繁复。

（4）报告语气诚恳谦虚。述职报告是让有关人员或单位评价自己，字里行间应体现出谦恭有礼、诚恳好学的态度，切不可随意夸大和吹嘘。

2．分类

述职报告的分类方式比较简单，主要有三种方法：

（1）按表达形式，分为书面报告和口头报告两种。书面形式的述职报告，多是对上级或领导做出的；口头报告，是以口语化语言对本单位职工做出的。

（2）按内容，分为个人述职报告和集体述职报告，后者是代表某部门或单位做的述职报告。

（3）按时间，分为以下几种：

1）任期述职报告，是针对整个任职期间的工作表现做的总结性报告。

2）年度述职报告，是按单位要求做的定期工作报告。

3）临时述职报告，是指对担任的临时职务做的工作报告。

3．结构要素

述职报告一般由标题、称呼、正文和落款四部分组成。

（1）标题。

有两种写法：

1）公文式写法。公文式标题包括职务、时间、文种，其中，时间和职务可省略。

2）论文式写法。一般以双标题形式出现，正标题是对报告主旨的高度概括，副标题采用公文式写法。

（2）称呼，即主送机关或称谓，如向上级机关述职，应写主送机关；向领导和本单位员工述职，应写称谓，如"各位领导""各位同志"等。

（3）正文，包括前言、主体和结尾三方面。

1）前言，是对自己所任岗位职责的介绍和工作情况的简评，即说明自己的任职时间、在此期间担任的职务和这一职务下的主要工作，并对自己的成绩做出概括性评价。有些针对性较强的述职报告，还在前言中写出明确的指导思想。

2）主体，是述职报告的核心内容，详细陈述自己履行职责的情况，可按时间发展顺序分阶段叙述，也可按工作性质分类叙述。常用的是总结式写法，即采取与总结相同的写作结构，把所有工作进行综合分析，按任职期间所做工作、成绩、经验、存在问题及教训、今后工作的努力方向等进行叙述。主体部分的写作要有条有理，具体清楚，叙述时避免毫无感情的机械记录，对于工作的意义或负面影响等在措辞上应有所表现，并加以适当说明。

3）结尾，是对主体内容的归纳，也可省略不写。

（4）落款，包括署名与日期，署名也可位于标题正下方。

■ 四、简报

（一）简报的概念

简报是为推动单位内部工作而写作的一种简短、快速的事务公文，又称内部参考、工作动态等。

简报应用范围广、频率高，在各级机关、团体和企事业单位的工作中常常使用。简报应用方式灵活，可上报给上级使他们及时了解本单位的工作情况，也可送给平行机关或下发给下属机关进行快速信息交流，发挥着极大的沟通作用。

（二）简报的特点、分类与结构要素

1．特点

与其他事务公文相比，简报在写作上有着明显的独特之处。

第一，版面格式独特。简报有固定的版面格式，与其他事务公文区别较大，每一组成部分都有固定位置，不得随意改动，必须按规定写作。

第二，简报内容的写作特点，可概括为简、实、新三字。

（1）"简"即简要，以概括为主，直述其事，以及时满足工作发展需要为目的，篇幅简短扼要，一般 2000 字以内为宜，常见的日常工作或活动简报往往只有几百字。

（2）"实"即真实，要求简报表现的内容实事求是，不得有虚构成分。

（3）"新"即适时，要求在真实的前提下，迅速反映工作中有普遍代表性的问题。

2．分类

第一，按发挥的作用，分为反映性简报、交流性简报。反映性简报主要用于说明某些情况；交流性简报则通过展示工作情况，供本单位或与其他单位交流之用。

第二，按保密程度，分为内部流通简报、一般通行简报。内部流通简报仅限于单位内部阅读，通常注明"内部刊物，注意保存"字样；一般通行简报没有保密性，不做任何特别标注。

第三，按内容性质，分为工作简报、专题简报、会议简报三种。

（1）工作简报。侧重反映本单位的日常工作情况，如"××公司工作简报"。其目的是从工作中汲取经验、总结教训，使日常工作顺利开展。

（2）专题简报。侧重反映某项专门工作的动态、经验和问题。

（3）会议简报。专门连续报道会议从召开到结束期间的情况，反映会议的重要精神、发言及其他情况。许多大型会议往往通过若干期简报不间断地反映出来，目的在于及时交流，使会议圆满成功。

3．结构要素

一篇格式完整的简报，包括报头、报核、报尾三部分。

（1）报头。一般包括简报密级、编号、名称与期数、编印部门、印发日期等项目，一般用红色大字印刷，占第一页的1/3。

1）密级，位于简报报头左上方。简报的保密级别不像公文那样高，但也不宜随意公开，有一定的保密要求，通常有内部流通与一般通行两种。

2）编号，位于简报报头右上方，一般代表本简报在单位所有类型简报中的总期数，可以省略。

3）名称与期数，位于简报报头中心位置。某单位或某类简报的名称一般很少改动，由单位名称、简报类型、文种组成，只要能体现出文种即可，其他项目可视情况省略，如"××工作简报"，也可为"××公司简报""工作简报""简报"。如果标题中有单位名称，一般分两行书写。期数括注于简报名称的正下方，可为总期数，如编号中已体现总期数，此处应为本简报在同类简报中的期数即分期数，如"××公司第22期情况简报"，指这份简报是××公司所有情况简报中的第22期。

4）编印部门，位于简报报头左下方，一般为单位的办公室或秘书科。

5）印发日期，位于简报报头右下方，常用小写，年月日要齐全。

（2）报核。报核由按语、标题、正文构成。

第一，按语。有的简报采取加按语的方式引起重视，交代简报的写作背景，点明文章的重点，表达编者的看法等。

第二，标题。标题写作相当灵活，有公文式写法、新闻式写法两种。

1）公文式写法，由事由＋文种组成，如"××公司情况简报"。

2）新闻式写法，标题可单可双，单标题如"××学术交流大会圆满结束"；双标题如"认真试点，积极探索——驶进'快车道'的农村党员干部远程学历教育"。任何一种标题都要求直接体现简报内容。

第三，正文，包括开头、主体和结尾。

1）开头，主要是介绍基本情况，如会议简报的开头涉及会议的时间、地点、议题等因素，要求简短概括，不宜展开。

2）主体，叙述主要内容，可采用时间顺序和逻辑顺序两种方法：时间顺序即按事件发生发展的先后顺序来写；逻辑顺序即按材料之间的因果、主次等内在联系，归纳出几项内容或几个问题分别写作，适用于内容相对单一的工作或活动。主体写作要紧扣标题，紧接开头，层次清楚，脉络分明。

3）结尾，可概括总结，呼应开头；也可提出号召与希望等，如简报篇幅短小且主体中各方面情况已叙述清楚，也可省略不写。

（3）报尾，包括简报的发送单位与印发份数。

1）发送单位，位于报尾左下方。因发送单位与本单位的关系不同，严格来说，用词也应不同："报"是上传给上级单位；"送"针对平级或不相隶属的单位；"发"是下达给下级单位，也可用"发送"笼统表明。

2）印发份数，位于报尾右下方。

▌五、会议记录

（一）会议记录的概念

会议记录，是指在会议现场将会议有关情况快速、如实地记录下来，以便保存、查用的事务公文。它是本单位会议情况的原始材料，也是写作纪要、传达会议精神的基本参考资料。因此，会议记录应整理存档，以备本单位或有关部门查阅之需。

（二）会议记录的特点、分类与结构要素

1．特点

（1）内容原始。会议记录用来反映会议的本来面貌，原始性是其最大特点。它要求会议记录事后不必做任何加工，以保证记录内容客观、详细。客观是指原原本本记录与会者发言，不得有任何记录者个人的主观认识，更不能任意添加、删除或篡改发言者原意。详细，即记录的内容要全面，只要是与会议议题有关的重要内容，哪怕是极小的细节也不得漏记。对于会议进程、与会者的发言顺序等，要按实况记录，不可随意改动。

（2）表达格式规范。会议记录从标题到结尾必须符合规定的格式，字体包括速记符号等都应规范书写，做到清晰、易于识别。

2．分类

根据会议的重要程度，会议记录分为全面记录和重点记录两种。

（1）全面记录。即把会议中的所有情况，包括每个发言人原话、听众反应、会场情况等详细记录下来。对涉及政策性、原则性重大问题的会议，通常采用这种形式记录。

（2）重点记录。有选择地记录与会议议题有关的发言内容和情况，甚至只记录重要内容，适用于记录讨论或解决一般事务性问题的会议。

3．结构要素

会议记录包括标题、正文、结尾三个方面。

（1）标题。写法较简单，由会议名称和文种组成，其中会议名称可省略不写，如"××公司管理人员会议记录"。

（2）正文，包括会议基本要素、会议具体情况两部分。

第一，会议基本要素，即会议时间、地点、出席情况、主持人、记录人、议题等，每一项分行列出。

1）会议时间要准确，必要时须精确到分钟。会议时间分为开会时间、休会时间和散会时间：开会时间，写在开头；如果会议较长需要中间休息，要在前段时间记录后另起一行注明休会时间，具体到分钟，会议再次开始也要注明时间；散会时间，写在最后。其中，休会与散会时间前要写清"休会"或"散会"

字样，时间用圆括号括注。

2）地点要具体到会议室或所在房间。

3）出席情况包括出席人、列席人、缺席人姓名三项。重要会议的出席人要亲自签名，若人数较多，可只写几个代表或写明人数；列席人一般须本人签名；缺席人一栏除记录姓名外，最好写明缺席原因。

4）主持人、记录人姓名由记录人填写。

5）议题是会议的主题，如果有多个议题，记录时应标明序号分别写出。

第二，会议具体情况，即会议进行中的主要内容，一般包括三个方面。

1）主持人、与会人员的讨论发言，要按顺序进行记录。

2）会议上所做的报告，这是会议中的重要材料。报告内容根据会议的重要性，有选择地详细或重点记录。

3）会议决议是会议最后的结论，决议结果、表决情况等要写清楚：如无异议，要注明"一致通过"等字样；如有异议，写清反对、弃权的人数；如当时因某些情况不能形成决议，应注明"推迟决议"等字样。

记录时须注意把会议中所有发言人的姓名写全，必要时冠以相应职务。

（3）结尾。这是会议记录有效性的证明，包括主持人与记录人亲笔签名两个项目，位于正文右下方。

第二章 企事业办公室办会工作核心

第一节 会务工作概述

■ 一、会务工作

会议是现代社会人类活动的一种普遍形式，是有组织、有目的地召集人们商议事情、沟通信息、表达意愿的行为过程。任何机构组织，都离不开会议这种活动形式。会议是实施领导、进行决策的重要方式，既可以交流信息、互通情报、集思广益，还可以协调矛盾、联络感情。

会议要取得预期效果，必须有会前的充分准备，会议中、会议后的各种必要的支持、服务和整理工作。这些准备、支持、服务和整理工作，统称为会务工作，简称"办会"。会务工作做得好坏，是影响会议质量和会议效果的重要因素。办会是办公室工作的重要内容之一。

会务工作的原则是规范高效，办公室工作人员一定要细致了解会议的相关知识，认真做好会议前期的筹备工作、会议中期的服务工作、会议后期的整理工作，规范高效地办会。具体来说，办会要做到以下四点：

1. 准备充分

任何会议无论规模大小，都要做好会前准备工作，要有全面详细的方案，要尽可能地把所有问题解决在会议召开之前，宁可推迟会期，也不要仓促开会。

2. 组织严密

整个会议系统应形成一个灵活畅通、操纵自如的整体，要做到"三落实"，即目标落实，会议要达到一个什么样的目的和效果必须明确；人员落实，会议过程中的人员到位、责任等都要明确落实；时间落实，会议各个环节的开始、完成都带有一定的计划性。

3．服务周到

会议的服务也是会务的主要工作之一，作为会议组织者对会议期间与会人员可能遇到的情况要尽量考虑周全，对一些有特殊需要的人员，在政策和实际条件允许的情况下，应尽可能满足；对不能一时解决的问题，应耐心向有关人员解释清楚。

4．讲求效率

会务工作带有很强的时效性，会前准备按时、保质保量到位；会间各项服务讲求效率；会后完成所有会议决议事项的落实工作，只有这样才能保证会议的质量。

会议泛滥已经成为一个世界性的问题，究其根本不是会议的数量太多，而是一些会议的质量太低。因此要努力做到在会务的组织工作中增强科学性，减少盲目性和随意性，遵循会议活动的工作原则，实现对会议的科学管理，从而提高会议的效能、精简会议。

二、会议概述

（一）会议的分类

从不同的角度出发，可以将会议划分为不同的类型。

1．按会议的规模分

按照参加会议的人数，一般可分为：特大型会议（人数在万人以上的会议）；大型会议（人数在千人至数千人之间的会议）；中型会议（人数在几十人至数百人之间的会议）；小型会议（少则几人但不少于三人，多则几十人的会议）。

2．按会议的性质分

按会议的性质可分为以下八类：

（1）法定性或制度规定性会议，如党代会、人代会、职代会、妇代会和股东大会等。

（2）决策性会议，如常委会、党组会、理事会、行政会和董事会等。

（3）工作性会议，如动员大会、工作布置会、经验交流会、现场办公会、总结会、联席会、座谈会、协调会和务虚会等。

（4）专业性会议，如研讨会、论坛、听证会、答辩会、专题会和鉴定会等。

（5）告知性会议，如表彰会、纪念会、庆祝会、庆功会和命名会等。

（6）商务性会议，如招商会、订货会、贸易洽谈会、观摩会、广告推介会和促销会等。

（7）联谊性会议，如接见、会见、茶话会、团拜会、恳谈会和宴会等。

（8）信息性会议，如新闻发布会、记者招待会、报告会和咨询会等。

3．按会议的周期分

按会议的周期可分为定期会议（有固定周期，定时召开的会议）和不定期会议（随时根据需要而召开的会议）。

4．按会议采用的媒介分

按会议采用的媒介可分为以下四类：

（1）常规会议：参会人员坐在同一个会场中，按照既定程序开会。

（2）电话会议：通过电话线路，将一个会场的声音信号传送到其他会场，让多个会场的人同时听会，可以大大节约时间和成本。

（3）电视会议：通过电视台或者有线电视信号将会场的声音和画面传到不同的会场中，让异地会场的人有身临其境的感觉。

（4）网络会议：利用网络技术进行会议信号的传递。由于网络具有交互性，会议的各方均可以通过网络进行发言、讨论，比电话、电视会议的单向沟通方式效果更好。

5．按会议的区域分

根据会议代表来自的区域，会议可分为世界性大型会议、国际性会议、全国性会议、区域性会议、单位或部门会议等。

6．按会议的阶段分

按会议的阶段可分为预备会议（是指正式会议之前，为保证会议的顺利进行而召开的准备会议，主要商议正式会议的有关事宜，也称为筹备会议）和正式会议。

（二）会议的要素

1．会议主持人

会议主持人是会议过程中的主持者和引导者，是负责控制和推进会议进程的人员，往往也是会议的组织者和召集者，对会议的正常开展和取得预期效果起着领导和保证作用。通常由有经验、有能力、懂行的人，或是有相当地位、威望的人担任。秘书常常也会主持一些座谈会、招待会、新闻发布会等，在主持会议之前，秘书应全面了解会议的目的，深刻把握会议背景，明确会议的主旨；还要深入了解与会者的职位、政治倾向、性格等，这样才能在会议召开时有效地调动与会人员的情绪，促动与会者积极发言。

2．会议参加者

会议参加者即参加会议的对象，包括正式成员、列席成员、特邀成员和旁听成员。与会人员的数量决定会议的规模。

3．会议工作人员

会议工作人员包括会议秘书人员和会议服务人员等，通常是来自主办单位担当会务工作的秘书人员或是来自专业的会议机构的技术人员和经营管理人员。主要负责会议的筹备工作、会议材料的收集整理工作和会议事务性工作。

4．会议名称

会议名称要求能概括并能体现会议的内容、性质、参加对象、主办单位或组织、时间、届次、地点或地区、范围和规模等。一般由三部分组成：一是会议主办单位的名称；二是会议的主题；三是会议的类型。会议名称必须用确切、规范的文字表达。大中型的会议名称一般被制作成横幅大标语，置于会议主席台的上方或后方，作为会议的标志，简称"会标"。会标必须用全称，不能随意省略，以免语意不清，产生误会。

5．会议议题

会议议题是会议所要讨论的题目、所要研究的课题，或是所要解决的问题。议题必须既具有必要性和重要性，又具有明确性和可行性。每次会议的议题应该尽可能明确、单一，不宜过多，不宜太分散，要准确、具体地体现会议的目标。

还要引导和制约会议的发言，尤其是不宜把许多互不相干的议题放在同一个会议上讨论，使与会者的注意力分散，这样不利于问题的解决。

会议议题可以是上级机关和领导人根据需要指定的，也可以是来自下级部门提交的、需要以会议的形式研究和决定的问题，或者是本层次的管理活动中需要研究和决定的事项。安排会议议题应注意下一级会议可以解决的或者个别领导可审批解决的问题，一般不要安排上级会议讨论；提交会议讨论的议题，一般要有简要的文字材料，并在开会前经领导审批后，发给有关人员阅读，准备意见；临时提出的一般议题不宜仓促安排，以保证会议质量；一次会议上的议题不能安排过多或过少，要测算每个议题大致所需的时间，合理分配，以安排一个主要议题和一两个小议题为宜；尽可能地将同类性质的议题提交一次会议讨论；要准备一些后备议题，以便在会议进展顺利、时间充裕的情况下提供会议讨论。

6. 会议时间

会议时间包含会议的召开时间，整个会议所需要的时间、天数，每次会议的时间限度。会议召开时间指的是会议开始和结束的时间节点。会议组织者应尽可能准确地预计整个会议所需要的时间、天数，并在会议通知中写明，便于与会者有计划地安排。会议召开的时间可长可短，每次会议时间最好不要超过一小时，否则应该安排会间休息。

7. 会议地点

会议地点又称会址，既可指会议召开的举办地，也可指举行会议活动的具体会场。为了使会议取得预期效果，应根据会议的性质和规模，综合考虑会场设施、交通条件、安全保卫、气候与环境条件等因素来选择会议的最佳会址。国际性或全国性会议，还要考虑政治、经济和文化等因素。可根据具体会议的需求、会议经费和与会人员身份等因素，协助领导选择不同档次和功能的会议场所。适宜开会的场所有各种会议中心、剧场。宾馆、饭店、度假村也能提供专业的会议场所，而且可以做到开会、餐饮、娱乐一条龙服务。若是本单位会议，单位礼堂、会议室、多功能厅等都是不错的选择。

选择会场时还要注意以下几点：

（1）会场要适宜会议精神的表达，能够营造帮助呈现会议精神的恰当氛围，从而使会场对与会者有感染力。

（2）会场要大小适中，能够为与会人员提供舒适的参会环境。会场过大，显得松散，会分散与会者的注意力；会场太小，显得拥挤，会给人以压迫感，也妨碍会场布置，影响与会人员轻松方便地在会场里行走。

（3）地点适中，会场应尽量离与会者住处近一点，方便其轻松到达会场。会场附近应有必要的公路、铁路、航空交通路线。

（4）设施齐全，会场应准备好照明、通风、卫生、投影仪、电子书写板、文具、录音、摄像、电脑、网络接口、签到机、茶点等设备和用品，还要考虑会场配备的汽车停车场。

（5）不受干扰，会场要远离办公区和闹市，杜绝室外噪声。会场本身也应该有良好的隔音设备。

8．会议方式

会议方式是指为了提高会议效率、实现会议目标而采取的各种形式或手段，如现场办公会、座谈会、观摩会、报告会、调查会和电话会等。随着互联网等新媒体的广泛应用，还可以采用视频会议。

9．会议结果

会议结果是指会议结束时实现目标的情况。即使会议不能达到会前预设的目标，也要有一个初步的决议或达成初步协议，通常可以以会议决议、合同、条约、协定和声明等文件的形式记载下来。

第二节　会议前期的筹备工作

■ 一、会议前期筹备工作的要求

做好会前的准备工作，是开好会议的先决条件。要保证会议的质量，就必须在会议前期的筹备工作中按照 20 字的要求做：精心策划，做好预案，协调各方，落实责任，细致周到。

■ 二、会议前期筹备工作的内容

（一）拟定会议预案

会议预案就是会议的筹备方案。预案拟定得是否合理可行、是否细致周到，直接决定会议能否取得预期效果，因此特别需要精心策划。会议预案相当于将会议组织的整个流程整理出来，将工作任务分解分工，所以每项任务必须有具体要求和具体负责人。会议预案报请领导批准后，要及时组织实施。

1．确定会议基本要素

根据会议所要达到的目的和目标要求，会议预案要确定会议名称、议题、时间、地点、会期、与会人员和会议方式等诸要素。

2．会务工作分工

为保证会议顺利进行，特别是中大型或重要的会议，需要组建会议筹备机构，再分成工作小组，互相协调，共同完成办会任务。一般大型会议要设置秘书处，专门负责会议的组织和协调工作。分设的工作小组有：

（1）总务组。负责会场、接待签到、住宿、交通、卫生、文娱活动等会议的组织、协调工作，负责车辆调度、设备保障、用品发放与管理、经费预算及筹措、财务管理等工作。

（2）秘书组。负责拟写会议预案，准备各种会议文件和资料，做好会议记录及会议简报、档案等文字性工作。

（3）宣传组。负责制订会议公关计划，组织、安排记者采访，提供新闻稿，承办记者招待会，录制会议音像资料等。

（4）保卫组。负责防火、防盗、人身和财务安全以及大会保密工作。

3．制订会议预算

举行任何会议都要消耗一定的人力、财力、物力，特别是大中型会议的投入，应本着勤俭办会的原则对会议的经费及各项支出做出预算。预算应尽量降低会议成本，但同时又要有一定的弹性，注意要留有余地。会议经费一般包括以下几个方面：

（1）会议室租金，包括会议场地租金、会议设备租赁费用和会议布置费用。

（2）交通费用，包括与会人员往返出发地至会务地的交通费用、会议期间住宿地至会场的交通费用、会场至餐饮地点的交通费用、会场到商务活动场地的交通费用、商务考察交通费用以及与会人员可能使用的预定交通费用。

（3）住宿餐饮费用，住宿费往往是会议的主要支出项目。餐饮费用包括早餐、午餐、会场茶歇和联谊酒会等费用。

（4）广告宣传费用，包括制作或提供会议纪念品、会场礼仪、代表证、广告牌、文件包等所需的费用。

（5）劳务费，包括服务人员劳务费和专家劳务费（即请专家、学者讲演或发言的酬金等）。

（6）旅游费用，会议主办方在会议期间或结束之后，安排相关人员参加具有当地特色的旅游活动所需的费用。

（7）其他费用，根据会议策划需要的其他费用，包括运输与仓储、娱乐保健、媒介、公共关系、通信联系、印刷等费用。

（8）不可预见的费用，会议过程中一些临时性安排产生的费用。

4．会议议程、会议程序和会议日程的确定

（1）会议议程。会议活动有一类是议题性活动，即围绕议题展开的讲演、辩论、商讨、审议和表决等活动。会议议程是对议题性会议活动的程序化，即把会议议题按照主次、轻重及其内在联系有机地排列起来，安排好顺序，印成文件。会议议程起着维持会议秩序的作用，关系着会议能否顺利进行。一般用序号清晰地表达出会议的各项议题，制成"议程表"，经领导审定后，会前发给与会者。

（2）会议程序。会议活动有时是非议题性的，如选举、颁奖、揭幕等会议活动，一般只制定会议程序。会议程序是指在一次具体的会议中按照时间先后排列的详细的活动步骤。会议程序表明一次具体会议活动的内容及时间顺序，可繁可简，一般由主持会议的人员掌握即可。

（3）会议日程。会议日程是把一天中会议议程规定的各项活动按单位时间具体落实，不仅包括会议议程的全部活动，还包括会议过程中其他的辅助活动，如聚餐、参观、考察和娱乐等。会议日程是对完成会议各项议程所需时间的预测和必要的限制，可以表明会议发展的进程，有助于提高会议效率。会议日程要按时刻逐日精心编排。

（二）制发会议通知

制发会议通知是会前准备工作的一项重要内容。正式、重要会议的会议通知往往是书面形式的。单位内部与会者应当面送达，并请对方签收。外部单位与会者可邮寄通知，注意要提前邮寄。有些学术性会议需要提前三个月发预备性通知，等收到回执后再发正式通知。对重要的邀请对象，可用发送邀请函或请柬再加电话征询、确定的双重方式。还有些会议以发送电子邮件或手机短信的方式通知，一定要写清收文者的单位、姓名、邮箱地址，核实手机号码，并应以电子邮件回复和手机短信回复的方式确认会议通知是否收到。

（三）制发会议证件

会议证件是表明与会议有直接关系的有关人员身份权利和义务的凭证。

1．会议证件的类型

会议证件分为两类：

（1）会议正式证件。发给与会者，方便其进入会场和会议驻地的证件，如代表证、主席团证、出席证、列席证、签到证和入场证等。

（2）工作证件。发给为会议服务的工作人员的证件，如记者证、工作人员证、车辆通行证等。

2．会议证件的内容

会议证件的内容大致包括：会议名称、使用者单位、姓名、性别、职务、发证日期和证件号码等。

3．会议证件的制作

会议证件外观要主题鲜明，美观大方，经济适用，证件种类名称醒目，便于携带和识别。会议证件制作的具体要求如下：

（1）代表证。代表证是供出席会议的代表珍藏的荣誉证件，应设计精美、主题突出、质地考究，具有一定的收藏价值。一般要粘贴或印制代表彩照，并加盖会议钢印。

（2）主席团证。主席团证是供主席团成员佩戴的，制作时应与出席证相区别。

（3）出席证。出席证是供出席会议的人员佩戴的，设计制作应紧扣会议主题，突出会议性质，便于识别和佩戴，并且为本次会议其他证件设计制作提供基准风格。

（4）列席证。列席证是供列席会议的人员佩戴的，设计风格应与出席证相一致，可以色差不同来两相区分。

4．会议证件的样式

会议证件的样式可根据实际需要来进行选择。目前，国内各种会议场合应用最多的一种是系带式证件卡片，取戴方便，经济适用，但会晃来晃去。另外一种是可以粘贴在衣服上的黏性标签，经济方便，但可能会在衣服上留下痕迹。还有一种是夹子式证件卡片，可以随意夹在衣服的不同部位，成本略高，但能更换塑料封里的标签而重复使用。

会议正式证件一般在与会者报到时发放。

（四）会场布置和会议材料、物品准备

1．会场布置

第一，根据会议的形式和目的，会场布置要在整体气氛和色调上与会议目标相称。

（1）根据会议的性质营造适宜的会场氛围，庆祝大会应喜庆热烈，代表大会要庄严隆重，座谈会要和谐融洽，纪念性会议要隆重典雅，日常工作会议要简单实用。会议的气氛可通过会议场所的大小、色彩、旗帜、饰物、花卉、灯光、音乐等烘托出来，会场布置要注意从以上这些方面营造与会议内容相适应的气氛。

（2）根据会议的不同内容和要求，布置会场时恰当地配置不同的色调，可以对与会人员心理产生积极的影响，从而提高会议效率和质量。如红色、橙色、黄色等暖色给人以热烈、辉煌、兴奋的感觉，比较适合庆典性会议；蓝色、紫色、青色等冷色给人以清爽、沉静的感觉，绿色、灰色等中性色使人有心旷神怡、赏心悦目的视觉感受，比较适合严肃的工作会议。

第二，会场中桌椅的摆放可依据会场大小、形状、会议的需要、与会人数的多少等因素来设置，20人左右的小型会议通常摆放呈圆形、方形或其他形状。圆形式可以让与会者互相看得见，与会人员无拘无束自由沟通；"口"字形外围可以放置多层桌椅，适合出席人数稍多的会议；"U"字形适合需要使用黑板的学习会议；"V"字形适合使用幻灯片或放映设备的会议。几十人至几百人的会议通常布置成"而"字形、倒"山"字形、半圆形。

重大会议会设置主席台。在席位前放置姓名牌，便于按位入座。主席台席位视人数设一排或数排。席位的次序应以主席团成员职务高低、对会议的重要程度而定。国内会议主席台座次排列通常的做法为：第一排席位为单数时，身份最高的领导人或声望较高的来宾就座于第一排的正中，其他领导人或贵宾以主席台的朝向为准按先左后右、一左一右的顺序排列。如果主席台上就座的人数为偶数，则以主席台中间为基点，身份最高者坐在基点左侧，其次者坐在基点的右侧，即先左后右，左高右低。前排为主，后排为次。但国际性会议主席台座次的排列与国内会议先左后右的排列方法正好相反，一般以身份最高的出席者居中，其他来宾按身份高低先右后左向两边排开。

2．会议材料的准备

会议材料准备是会议筹备工作的重要内容。

（1）会议的材料，包括会议的领导指导性文件，即明确会议的指导思想和主题、提出会议目标和任务的会议文件，如领导讲话稿、代表发言材料、经验介绍材料、开闭幕讲话、主题报告、专题报告和专门文件等；会议的审议表决性文件，如工作报告、选举结果和正式决议等；会议程序文件，即议程文书、日程安排、选举程序和表决程序等；会议参考文件，如技术资料、统计报表、代表提案、公务书信、群众来信和调查报告等；会议管理文件，即会议通知、开会须知、议事规则、证件、保密制度、作息时间和生活管理等。

（2）会议材料的印制。要对材料的印刷、装订把好关，应逐页核对材料是否齐全；注意满足主持人、讲话人对材料的纸张和字号大小等的特殊要求。一些重要文件一般在文件首页左上角标明编号，字体字号要有别于文件正文；一些征求意见稿或保密性文件，需要在会后退回的，应附上一份文件清退目录或清退要求的说明。

（3）会议材料的装袋。应准备足够的文件袋，至少保证与会人员每人一个，在文件袋上注明"会议文件"等字样。将所有会议材料系统整理，制作成文件资料目录，连同会议材料统一放在文件袋中。

应注意的是，开幕词、工作报告、领导讲话稿、会议程序性文件、会议参考文件、会议管理文件必须在会前准备妥当，在会议召开之前按规定范围分发给与会的相关人员。

3．会议物品的准备

（1）会议的物品。会议所需物品包括常用文具，如纸、笔和小刀等；会场装饰用品，如花卉、旗帜、会标、会徽、宣传画和标语口号等；印刷设备，如打印机、扫描仪和复印机等；会场基本设施，如桌椅、照明电器、通风设备、卫生用具、安全通道和消防设施等；视听器材，如麦克风、幻灯机、投影仪、黑（白）板、电子书写板、摄像机、数码相机、录音机、软盘、光盘、移动硬盘和同声翻译系统等；通信设施，如传真机、电话机、电视机、计算机、交换机、网线及相应的通信网络设施等；交通工具，如小轿车、大轿车等接送与会人员的车辆；生活用品，如茶水、茶杯和纸巾等；特殊用品，如颁奖证书、奖品、选票、投票箱，剪彩用的彩带、剪刀，产品介绍会议用的充气模型、巨型屏幕，会议纪念品等。

（2）会议物品的准备应本着"实用节约"的原则，详细列出清单，并落实专人负责采购以及相应设备的准备、安装、调试和使用。不能有半点差错！

（五）会前检查

会前检查是落实预案、保证开好会议的重要步骤。会前检查应在会议正式开始前两小时完成，如是隔天上午举行的会议应在前一天下午完成。

会前检查工作主要包括：会议文件准备情况检查，对文件起草、校对、印刷、分装等进行严格检查；物品准备情况检查，确保有足够的纸、笔、纪念品、日程表等文件的备份；会场检查，会场设施的正常操作和运行是会议顺利进行的基本物质保证，检查范围包括主会场、分会场以及与会者的住地，检查内容包括电力通信设备、影像设备、茶点供应、警卫部署、票证、人员定岗定位等。特别要保证会场的音响、照明、通风、空调、投影仪、放映机等设备的正常运行，办公室工作人员应与相关专业技术人员合作，提前对这些设备进行调试、维护，还应配备备用设施，以便应对突发事件。

对于检查中发现的未完成的任务以及不完善的地方，应明确专人限时完成，确保各项工作落实到位，保证大会按时顺利召开。

第三节　会议中期的服务工作

■ 一、会议中期服务工作的要求

会议召开期间，是办公室工作最活跃的阶段，也是对工作人员工作能力最严格的考验。此时，办公室的中心工作任务是掌握会议动态，要认真负责，善抓细节，临变不惊，通过协调和调度掌控会场秩序，同时配合精心的组织和良好的服务，使会议既定的目标得以实现。

二、会议中期服务工作的内容

（一）会议接站、报到和签到工作

1. 会议接站

会议接站是跨地区、全国性和国际性会议活动接待工作的第一道环节。首先，要确定迎接的规格，以便派相应身份的人员前去接站。其次，统计好与会者的名单和人数，通过汇总回执、报名表、打电话等渠道，尽量详尽掌握与会人员的姓名、性别、年龄、职务、级别等身份信息，清楚每位与会者抵达的时间和方式，准备好接站标志、手提式扩音器、其他器材和车辆等，准时到达机场、车站、码头迎接。与会者集中到达时，在接站处以及交通工具上都要用牌子或横幅醒目标示"×××会议接待处"的字样。个别接站时，接站人员可以手举醒目标示"欢迎×××先生（女士）"的标志牌接站。要特别留意晚点抵达的与会者，避免漏接现象发生。如有必要，还应布置好安全保卫工作，并与新闻单位联系，准备新闻采访和报道。

2. 会议报到

会议报到是指与会者在到达会议所在地时所进行的登记注册手续。秘书人员首先要查验证件，如会议通知、介绍信、身份证等，以确认与会者的参会资格。然后请与会者在登记表上填写个人姓名、性别、年龄、单位、职务、联系地址、电话和电子邮箱等有关信息，既便于统计与会者人数，也便于做好各项会议服务工作，还可据此编制通讯录。同时，统一接收与会者携带的需要在会议上分发的材料，经审查后再统一分发。在会前准备好的会议文件、证件、文件袋等会议资料、会议用品，要提前装订、分装好，在与会者报到时一并发放。如果分发的会议材料、会议用品不完全一样，按与会者身份的不同有所区别的，接待人员要细心区分，切忌出错。也可以根据情况设置不同的接待处。需要收取会务费、住宿费、资料费的会议，在报到现场要安排有关人员收取，并当场开具收据。然后根据与会者的身份和要求安排住宿，并在会议登记表上标明相应的房间号码，以便会议期间联系。

3．会议签到

会议签到可统计会议实到的人数，准确反映缺席情况，以便采取弥补措施。有些会期较短和无须集中接待的会议，一般只办理签到手续。而一些具体活动较多、内容较重要的会议，与会者除了办理报到手续之外，在参加每一场会议活动时还需签到，以示出席了会议。对于表决性和选举性的会议，确切掌握出席人数是非常重要的。有些庆典性、纪念性会议的签到簿可留作纪念。

会议签到的方式有以下几种：

（1）工作人员代为签到，对于日常工作会议或单位内部会议，可由工作人员在预先拟好的与会人员名单上画上特定记号来完成签到。

（2）与会者自行签到，与会者在事先准备好的签到簿上签名报到，以示到会。亲自签名赋有纪念意义，有时一些邀请性会议，可以准备签名用的毛笔。人数较多时，也可事先多准备些"签到单"，会后再装订成册。

（3）电子签到，与会者进入会场时，将特制的记载有与会者姓名、性别、单位、代表性质、组别和代表证编号等信息的签到卡插入或靠近电子签到机，与此相连的电脑就会自动记录和显示与会者的相关信息，在签到结束后立即统计出出席人数和缺席人数。签到卡通常与代表证组合起来。一般大中型会议常采用电子签到。工作人员根据签到情况掌握到会人数，并及时联系未到会人员，查明迟到或缺席的原因，将有关情况报告会议主持人或相关领导。

（二）会场服务工作

会场服务工作包括引导与会者入席、退席；茶水供应；指引与会者使用会场的生活设施，照顾与会人员会间休息，保持会场内秩序；关注和维护会场内各种设备的使用；协助领导安排会议发言顺序，掌握会议动态，控制会议进程；根据会议时间、与会人员数量安排车辆调度；注意会场内的安全保卫工作，防止与会无关人员随便进入会场，排查安全隐患，防止意外事故发生，保证与会人员的安全和健康，满足与会人员的临时需要；如果是组织内部的会议，会场服务工作还包括接听会场外打来的电话、接待来访的客人，要尽可能排除对会议造成干扰的场外因素。

会场服务中会务工作人员要为与会人员指引会场、座位、展区、餐厅、住宿的房间以及指示与会人员问询的路线、方向和具体的位置，会议引导可以为与会人员提供便利，使其感到亲切，也利于维护会场内外的正常秩序。负责引导的秘书人员要熟悉会场的布局以及各种配套设施的情况。

会场服务工作中一定要注意保证茶水供应，大型会议应有专门的服务人员负责沏茶倒水，小型会议由工作人员负责，倒水时不要将茶杯装得过满，以免泼溅，续水时要讲究时机，既不能过于频繁，影响会议正常进行，也不能间隔时间太长。注意准备一次性茶杯、杯托、暖水瓶或饮水机。也可选用瓶装矿泉水作为会议中的饮料，特别是大型会议、外事会议，矿泉水运输方便，不宜与个人口味冲突，适用范围广泛。

（三）会议保密工作

1. 会场保密

秘密会议和内部会议必须正确选择会址。要经过充分的调查，了解和掌握会场内部和外部周围的环境、情况，要注意发现各种可能造成泄密的情况。

2. 文件保密

会议文件的保密工作是会议保密的重点，应该会同会议文件起草人员，采取有效的保密措施，达到不外传、不丢失的要求。为此，应制定会议文件的严格保密制度。必要时，会务组织管理机构应将会议文件保密制度印发给全体与会人员，使人人皆知，严格遵守。为了确保会议文件机密的安全，所有会议结束之后，会务工作人员都要进行彻底的检查，以便及时发现丢失的会议文件。

3. 宣传报道保密

涉及重大秘密的会议一般不安排新闻记者参加，新闻稿由会议秘书部门起草。有报道任务的秘密会议，要严格挑选参加会议新闻报道的记者，要对新闻记者进行保密教育，提出保密要求。要指定专人对所有宣传报道文稿进行统一审查把关，统一宣传报道的口径，严防新闻报道的失密。凡属于领导同志的内部讲话和未公开的会议文件的内容，未经批准，不得公开发表和宣传。此外，要严禁拍摄会议文件和进行录音录像报道。

4. 技术设备保密

秘密会议禁止使用无线话筒。对会议使用的电脑和通信设备要严加管理，防止信道泄密。保密会议如需使用一些必要的器材，应当是保密会议专用的器材，使用前还必须经过严格的安全检查，使用后要删除所有记录信息。保密会议的器材应当由可靠的专人使用和管理。

（四）会议记录、会议简报与会议纪要

1．会议记录

会议过程中，要安排专人把会议的组织情况和具体内容如实地记录下来，形成会议记录。会议记录要严格遵守"实事求是、客观真实、完整准确、清楚规范"的原则。一般有略记和详记之别，略记指记会议上的重要、主要或结论性言论。详记则要求记录项目完备，记录的言论必须详细完整，包括发言中的插话等。记录时不能改变原意，要逐字逐句地详细记录。会议记录可以使用摄影、录音设备，但最终还要将录下的内容还原成文字。会议记录应包括的项目有：会议名称，时间（开始和结束的时间），会议地点，会议议题，主持人、主席，出席、列席和缺席情况，记录人姓名，会议的经过情形及结论，相关的资料，下次会议预定日期。每一记录要素都宜单独成行。发言记录应以一个发言者为一个记录单元换行分隔。有时会场的笑声、掌声，与会人员迟到、早退情况也应记录在案。

设备记录要事先调试好相关器材，使其在整个会议召开期间都能正常运转，从而保证完整记录。同时，还要注意记录设备摆放的位置，避免因过近或过远造成记录声音效果不佳。

2．会议简报与会议纪要

在做好会议记录工作的基础上，工作人员还要编写会议简报与会议纪要。

（1）会议简报。会议简报是会议期间编印的关于会议情况的简要报道，是为了向与会人员说明会议议程的进展情况、分组讨论情况，主要用于与会人员的信息交流和传递，所以编写要快，一般要求当天的情况当天整理，当天发出，最迟也要当天整理，第二天发出。要用简明扼要的文字真实准确地反映会议进行中的新情况、提出的新问题。

（2）会议纪要。会议纪要是会议结束后，根据会议的主旨，用准确而精练的语言综合记述其要点的书面材料。会议纪要的作用是让更多的人了解会议成果和精神，扩大会议的影响。编写时，既要忠实于会议实际，又要精练、集中、条理清晰。

（五）会议期间的生活服务工作

为了保证会议顺利进行，工作人员还要做好会议期间的生活服务工作，服务内容包括以下几项：

1. 生活服务工作

（1）妥善安排与会人员住宿、就餐等事项。会议餐饮是会议期间促进与会人员交往的重要活动，就餐时间和地点应在与会者报到时通告。要提前了解与会者的饮食习惯与宗教信仰、特殊要求，如清真、素食、忌食、病号餐等。无论大会小会，都要保证会场的饮水供应。

（2）为与会者及时订购回程票。与会人员是否订购回程票、订购何种回程票，可以在会议通知的回执中列明，也可在会议报到时列明。会议期间应向与会者再确认一下，核实无误后，及时预订。

（3）组织拍照和制作分发会议通讯录。会议期间要组织与会者拍摄会议集体照，一般以会标等会议标志性物体为背景，将会议的主题包含在照片中。会议期间组织的集体活动也要拍照记录、留念或用作会议宣传。可以根据"会议报到表"制作会议通讯录，经与会人员确认后，分发给与会者。

2. 文娱活动

会期较长的大中型会议，为了活跃会议生活，可以适度安排一些文娱活动，如观看文艺演出，组织联欢晚会或舞会，安排游览、参观等。会期在三天左右的，娱乐活动一般不少于一次；会期在四天到七天的，娱乐活动一般不少于两次。要将娱乐活动安排体现在"会议日程表"中。文娱活动的内容要配合会议的主题，同时根据与会者的兴趣爱好来确定娱乐活动的具体形式，如观看电影、体育赛事、参观游览等，要统筹安排，避免重复。还要提前做好相应的组织工作，如预订票证、座位，调度交通工具，准备必要的资金和摄像机、扩音器等物品。自娱自乐的活动要准备好场地和娱乐器材，同时注意掌握时间，充分考虑人力、物力。还可以为与会者提供当地的旅游观光的小册子，内容应包含当地历史古迹、风景名胜、文化事件的简介，以及影剧院、健身运动、购物场所等信息。

第四节　会议后期的整理工作

■ 一、会议后期整理工作的要求

会议结束之后，还有会议后期的整理工作需要工作人员继续完成，因此工作人员要保持紧张状态，保质、保量、高效率地做好会议后期的整理善后工作，切忌虎头蛇尾，令与会者有人走茶凉之感。

■ 二、会议后期整理工作的内容

（一）安排与会人员离会

会议即将结束时，工作人员应及时发放给与会人员代为预订的回程车（机）票。安排时间欢送与会者，可以到与会者的住地走访告别，也可以在会议闭幕式结束后于会场门口告别。提前安排车辆和人员，根据与会者离去时间组织送站，根据车辆的搭载量安排合适的车辆。对所需车辆的数量应提前预计清楚，及时调度，尽可能保证所有与会者方便乘车。在欢送与会者离会时，应提醒并帮助其携带好个人物品，以免与会者回头寻找，省去保管遗落物品甚至送递和邮寄的麻烦。对于身份较高的与会者，应由领导或专人送行。

（二）会议的善后工作

会议结束后，要清理会场，撤去布置的会议通知牌、方向标和会标等装饰宣传品，把会议中使用的视听音像器材收拾、整理清楚，桌椅归回原位，洗刷烟灰缸、茶具并放置妥当。收回所有应该收回的会议资料，对会场的所有纸张进行整理、清点和归类。注意会议文件的保密性，对文件进行密级分类，避免会议结束后的剩余文件造成机密泄露。检查会场、与会人员住地及所乘车辆有无物品遗漏，如发现有遗失物品要妥善保管，并及时与失主联系。

（三）整理会议文件

会议结束后，要及时做好会议文件的整理立卷和归档工作。先需对现场会议记录进行整理，保证会议记录真实、准确、完整、语言规范。再根据会议主题、议题及会议记录形成会议决议、简报或纪要，发送至相关部门和人员。一般会议文件的立卷归档是将会议的所有文件，包括会议通知、与会人员名单、通讯录、会议形成的文件、会议发言材料、领导讲话、会议简报、会议纪要、会议总结、重要照片和录音录像等资料都收集起来，按照先后顺序装订成册、分类整理，以备查考。大型会议完整的会议案卷包括会议正式文件，如决定、决议、计划、报告等；会议参阅文件；会议安排的发言稿；会议上的讲话记录；其他有关材料，如会议通知、出席者名单、图片、音像资料等。

（四）会议信息反馈工作

除了少数秘密会议外，大多数会议内容、会议精神都需要会后进行传达。会议传达要注意确定传达的内容、程度、范围、层次、时间和方式等。会议上的议定事项是需要下级机关和单位贯彻执行的。为了督促下级机关和单位及时贯彻执行，避免将应当及时处理的事情拖延或遗忘，工作人员需要协助领导会后对议定事项进行催办、查办等会议信息反馈工作。会后信息反馈的主要内容包括下级单位是否迅速及时地学习和贯彻落实会议做出的决定、决议，贯彻落实会议决定、决议时遇到哪些困难和问题，这些困难和问题的根源和解决办法是什么，会议决定、决议有哪些地方需要进一步完善和调整。工作人员在进行会议信息反馈工作时，可以通过电话向有关方面口头了解、问询；也可以要求有关方面提交书面报告，秘书汇总整理；也可以深入有关单位实地检查、问询，了解情况，写出相应的调查报告。会议信息反馈工作是会议决定、决议贯彻落实结果的重要督促和检查手段，应该高度重视。在信息反馈中，发现缺点、问题要认真总结经验教训，而对于贯彻会议精神的好方法要大力宣传推广。

（五）会务工作总结

会议结束后，为了进一步提高会议服务工作的质量，应该对会务工作进行总结和评价。通过总结，发现问题，分析原因，总结经验，提高办会水平，为以后的会务工作积累经验。特别是大中型会议，会务工作总结有的由会议领导组织相关人员进行总结，有的由会议秘书召集会务工作人员进行总结并写出会务工作的总结报告，也可以会后进行个人的书面小结。

大中型会议结束后，一般应慰问参与会务的工作人员，重要会议还要表彰在会务工作中表现出色的人员。没有深入的总结，就不会有真正的提高。每一次会议总会有个别疏漏的地方，及时总结疏漏的环节，查找疏漏的原因，避免下次会议出现，可以起到事半功倍的作用。

会务工作总结要及时、全面、公正、客观、准确，总结的主要内容有检查会议预案所指定的各项会务工作是否准确到位，有无疏漏与重复；检查会务工作机构工作完成情况，会务工作机构之间及其与相关部门的协调情况；检查会务工作人员工作完成情况；总结提高会议效率的好方法。具体展开可从会议管理，如会议计划的拟订完成状况，住宿安排情况，会议费用的使用情况，预订、调度工作完成情况，会场布置，会议餐饮、休闲安排情况等方面进行评估；会议工作人员方面，如是否精通业务、胜任工作岗位，是否具有良好的礼仪修养、行为得体、语言规范，是否工作积极、与同事合作协调、融洽，能否自觉维护组织形象、善于处理危机问题等方面进行总结。

第三章　企事业办公室办事工作核心

第一节　办公环境管理

办公环境，又称办公室环境，是指办公室工作时所处的自然环境，包括空间环境、视觉环境、听觉环境、空气环境、健康与安全环境等。对于上班族而言，每天的大部分时间都待在办公室里，办公环境的好坏直接影响工作效率。为了尽可能减轻工作疲劳，提高工作效率，就必须适当地调整办公场地、设备、光线、颜色、声音、温度等环境因素，以适应工作人员的生理和心理需求，使其获得最佳的工作状态。

一、办公环境的设置

（一）办公室的布局形式

办公室是一个单位活动的重要场所，要求明快、整洁、方便、实用，应本着"方便、舒适、整洁、和谐、统一、安全"的原则。办公室的布局可以分为开放式和封闭式两种形式。

1. 开放式布局

开放式布局是指在一个大的工作间中设立众多单个的工作位，若干工作人员同在这一间大办公区域办公。这种布局的特点是没有私人的办公室，工作间的位置可以根据需要，利用可移动的物体（如屏风、隔板等）随机确定，每个工作位都有独立使用的桌椅、电话、电脑等办公设备。

开放式办公布局的优点：降低了办公室的能源、设备和建筑成本，减少了办公室的占地面积；使工作单元灵活机动，可以根据工作需要而随时改变；打破了地位和级别的界限，增加了员工之间的平等感，使员工间更易于交流沟通；既相对独立又连成一体，使工作流程更加畅通，同时也便于领导监督下属的工作活动。

开放式办公布局的缺点：房间大，人员多，易有噪声，如说话声，打电话等影响他人工作；难以保障私人空间的独立性，很难集中注意力；不适合做机密性工作。

2．封闭式布局

封闭式布局是指一种比较传统的办公室设置方式，即按照工作职能的不同，分设不同的独立办公房间，每个房间供一名或几名员工使用，每个房间拥有一套专属的办公设备。

封闭式办公布局的优点：安全性、保密性好，便于保证信息不被窃取；可以让员工有自己的私人空间，保障员工的隐私；可以保证工作不受干扰，比较适合专业性、机要性强的工作。

封闭式办公布局的缺点：非办公空间的比例较大，整体空间利用成本高；工作流程不畅通，不利于员工间的交流；不利于领导对下属的工作监督。

开放式和封闭式办公布局各有利弊，各单位在确定自己所拟采用的办公布局时，要综合考虑空间利用成本、办公室职能、工作流程、机构的建制和员工人数等因素，根据工作需要和本单位的实际情况确定适宜的办公室布局方式。

（二）办公室内的布置

办公室内的整体布置对组织形象和工作效率都有一定的影响。一个良好的工作环境有利于组织形象的塑造，一个整齐有序的办公室则会提高工作的效率。

1．整体布局方便实用

布置办公室，最好先画一张设计草图，按比例尺标明房间的面积，门、窗等的固定位置。桌、椅、柜等可移动的物件，用彩色纸按比例尺缩小剪出样块。然后，办公室成员共同在设计草图上摆移，找出最佳方案。

（1）办公室内总体布局的要求。

1）相关的部门和常用设备应尽可能安置在相邻的位置，以避免不必要的来回走动或影响他人。

2）秘书的工作位置应紧邻领导的办公区，以便联系领导。

3）主管的工作位置应位于员工的最后方，以便监督；也可以用玻璃门隔开，以免其接洽工作时转移和分散其他工作人员的视线和注意力。

4）饮水机应置于方便所有人饮水的位置；公告板应放置在醒目的地方。

5）电话最好是 5 平方米空间范围一部，以免接电话离座位太远，分散精力，影响效率。

6）装设充足的电源插座，以方便办公设备的使用。

7）常用设备应放在既方便使用，又不妨碍他人工作的地方。

（2）办公室内桌椅摆放的要求。

1）办公桌的排列应按照直线对称的原则和工作程序的顺序，其线路以最接近直线为佳，防止逆流与交叉现象。

2）同室工作人员应朝同一个方向办公，每个办公区域可用高度 1 米左右的隔板分隔，不可面面相对，以免相互干扰和闲谈。

3）各座位间通道要适宜，应按照方便处理公务的原则设置工作位置，以免往返浪费时间。

4）办公桌上只放置常用的办公用品，如电脑、电话、文具以及必要的文件等。

另外，办公室应根据需要设置垂直式档案柜、旋转式卡片架和来往式档槽，用以存放必要的资料、文件和卡片等，便于随时翻检。这些用具应装置滑轮，平时置于一隅，用时推至身边，方便实用。

2．办公环境安静舒适

办公室的布置应该让工作人员感到安静清雅，这样才会更有效地提高工作效率。

（1）为减少来客对办公室工作秩序的影响，接待区的位置应安排在办公室入口处。

（2）有条件的办公室可以铺设地毯、设置屏障等吸音、隔音设备，以降低噪声的影响。

（3）易产生噪声的打印机、复印机、传真机等办公设备，应集中放置在远离办公区域的角落。

（4）办公座椅最好选用有扶手和靠背且能够转动和调节的椅子，这样可以缓解因久坐而引起的身体不适。

（5）条件允许的话，可以在办公区域内设置休息区，并提供长沙发、茶几等休息用具。

（6）室内可以摆放几盆花草，如仙人球、吊兰、天竺葵等，用来净化室内空气，起到保健作用。

（7）办公室内可以适当悬挂或放置一些美术作品和工艺品，如油画、照片、书法作品等，以改变办公室单调的格局。但必须注意，所选用的作品一定要在色彩和情调上与办公室整体环境相配，颜色宜淡雅、清新，不宜过于花哨。

3．工作环境安全保密

办公室工作环境的安全包括人身财产安全和信息安全两部分。

（1）人身财产安全：要消除办公室的安全隐患，各种办公设备所用的电线不要裸露在办公通道上，应置于角落或铺设在地板或地毯下；要配备消防设施，墙上要张贴安全疏散示意图等消防标志。

（2）信息安全：为保证办公室信息安全，办公室内要张贴相关的保密制度，重要部门的入口处应有警示标志；机密文件要单独保管，不能公开放置在办公桌上；存有机密信息的电脑不要放置在门口等人员流动较大的地方，同时要设置安全密码。

■ 二、办公环境的管理

办公环境的设置只能满足基本的工作需要，要想工作得更加舒适，还要加强对办公环境的管理。办公环境的管理主要包括以下四个方面：

（一）视觉环境的管理

视觉环境主要包括办公室内的色彩和照明两部分内容。

1．色彩

色彩对人的情绪有直接的影响，办公室的色彩是否和谐，直接影响办公室的气氛。办公环境的色调从总体上来说应该单纯柔和，使人置身其中时能感觉平静舒适。地面、墙壁、天花板、办公家具等的色彩应和谐统一。墙面和天花板最好采用白色或乳白色，以增加光线的反射率；地板可采用不易被污染的棕色；窗帘、椅套的颜色宜素雅，并与办公室整体色彩相一致。

2．照明

办公室照明宜遵循以下设计原则：室内灯光应分布均匀，采用光线柔和的日光灯，利于保护视力；减少光源的强度，避免用一个发光体，宜多用几盏灯，降低光源强度，避免集束光而用均匀的散光；窗户宜装半透明玻璃，以免用直接光而用间接光；光源宜置于高处，并从后方或左侧射入；尽量利用自然光，办公室的窗户可以使用能调节光线的百叶窗。

亮度不足的照明会引起眼睛疲劳、头疼、困乏和出错。有些地方，比如做校对等精细工作的地方，足够亮度的灯光必不可少。桌、椅，特别是客人的椅子，不要放在直对光源的地方。

（二）听觉环境的管理

听觉环境主要指办公室内的声音，办公室内的声音分有益声音和有害声音。有益的声音，如伴奏音乐或愉快交谈的声音；有害的声音，如办公设备运行时发出的噪声等。由于办公室所处的周围环境常有噪声发出，如小汽车、摩托车、卡车的喇叭声，谈话、开会、打电话的声音和人们必要的活动发出的声音等，因此，控制有害的噪声就成为办公环境管理的又一项重要任务。控制噪声可以从以下三个方面着手进行：

（1）积极消除噪声的来源。如办公室的选址最好远离闹市区，或选择不临街的一侧；办公室的门窗应采取一定的隔音措施，如加装双层玻璃，粘贴密封条；墙壁、天花板宜采用吸音效果较好的材质，地面可铺设地毯等。

（2）办公室内可以播放轻柔舒缓的无主题的背景音乐，以减轻工作疲劳，并消除噪声引起的烦恼。

（3）对于工作时噪声较大的办公设备，可以用设置屏障、加装消音罩等方法来减少或降低噪声的影响。

（三）空气环境的管理

办公室的空气环境管理，是指为了减少人们的精神消耗，增强舒适性而对办公室的空气进行精心调节。办公室的空气环境包括温度、湿度、空气的流通和净化等内容。

1．温度

一般来说，工作环境中最舒适并有益于健康的工作温度是 20 ～ 25℃。

2．湿度

通常情况下，最适宜工作的湿度为 40%～60%。

3．空气的流通

办公室内必须有良好的通风设备，使空气流通无碍。在没有大气污染的情况下，应经常开窗通风换气，以保持室内空气的充足与新鲜。

4．空气的净化

为减少办公室的污染和尊重所有工作人员的感受，办公室内应该禁止吸烟，以保证空气的新鲜。办公室内空气的净化包括打扫、拖洗、擦净、上光与打蜡、用吸尘器吸尘等。

（四）空间环境的管理

办公桌面上要整洁，应尽可能少放东西。工作期间不放除手机、台历、水杯之外的私人物品。最常用的东西要放在不必起身就可伸手拿到的地方。桌上所放材料应限于当天要用的资料，每天下班前应分类放回应放的地方，重要文件要入柜锁好。用过的资料、文件要及时归档或收起来。其他常用物品，如订书机、信封、文件纸和工作手册等应有序地放在抽屉里，以取用方便为原则。对悬而未决的工作，备以专门的文件夹，每天检查一遍，对必须做的事情加以注明。用不同的文件夹分门别类地存放需要签名的信函，为便于识别，可在文件夹上做上标记。

桌子的抽屉和门要随时关好。废弃物放进垃圾桶，保持地面干净。办公设备用完放回到规定地点。

■ 三、办公室时间管理

所谓时间管理，是指用最短的时间或在预定的时间内，把事情做好。办公室时间管理，也就是指秘书对自己和上司的时间进行有效的计划和控制，从而在有限的时间内提高工作效率，这是秘书最大、最基本的管理。办公室的时间管理包含两个层次：一是秘书个人的时间管理，二是秘书对所服务的领导的时间安排。

（一）秘书个人的时间管理

秘书与从事其他工作的人一样，要做好工作必须加强时间管理，明确目标任务、分清轻重缓急，科学合理地分配时间，有计划、有组织地工作。秘书个人的时间管理可以采取如下方法：

1. 学会科学地分工与协作

办公室工作内容较多，秘书务必弄清楚每天的工作任务中，哪些是必须由自己亲自完成的，哪些是应该由他人或他人协助完成的，哪些是应该由他人完成而你是不必参与的。弄清这些，秘书就会知道自己每天该做的事情是什么，然后对其进行科学的编排和计划，再有条不紊地去完成。

科学的分工与协作不等于"各人自扫门前雪，不管他人瓦上霜"，而是合理地支配时间，以便更好地完成工作任务。如果每个人都能理解并做到这一点，办公室的整体工作效率不仅不会降低，反而会大大提高。

2. 做好工作计划，分清轻重缓急

秘书每天的工作非常繁杂：除了自己的工作，有时还要协助领导处理事务；除了每天必做的常规工作，有时还要处理紧急突发的事件。如果没有一个科学、合理的时间规划，可能每天都忙得不可开交，而工作完成得却并不出色。

要想解决这个问题，就要对自己的工作时间作一个总体的计划，大到每周要做的事情，小到每天要做的事情，都详细地把它一一罗列出来。然后，按照事情的重要和紧急程度排定完成的先后顺序。一般来说，重要、紧急的事情要排在首位；其次是紧急但不重要的事情，完成这类任务一定要尽快，用尽可能短的时间，以免耽误其他重要事情；再次是完成重要但不紧急的事情，这类任务要计划好开始做的时间，并值得花大量的时间把它做好；最后是既不重要也不紧急的事情，这类事情一般是常规性的工作，应该在完成了所有重要任务之后去做，但要尽量控制做这类工作的时间。

3. 合理分配自己的时间和精力

每个人的时间和精力都是有限的，要想在有限的时间和精力下完成尽可能多的任务，就要学会合理地分配时间和精力。一般情况下，上午人的精力、体力、脑力等都处于最佳状态，能够完成各种复杂而艰巨的任务。13—14 时是脑力和体力较低的时候，适宜做短暂的休息。15—18 时，人的脑力又开始活跃起来，可以处理一些比较重要的事务。而 20—22 时，人的思维又开始活跃，形成一天里的第二个高峰，有些白天没有来得及完成的工作，在这个时间段里还可以继续。

合理使用时间，还包括"捍卫"自己的工作时间，一个优秀的秘书人员，要学会拒绝别人，安排"不被干扰"的工作时间，不让额外的要求扰乱自己的工作计划。在答应一件事情之前，要考虑清楚这件事是否重要、是不是你的分内工作、是否会影响你的工作进度。如果是，就要委婉拒绝。否则，既打乱了你的工作计划，也可能耽误对方的事情。当然，拒绝是需要正当的理由和技巧的，否则你就成了别人眼中不善于合作的人。

假如你每天能有一个小时完全不受任何人干扰地思考一些事情，或是做一些你认为最重要的事情，这一个小时可以抵过你一天的工作效率，甚至可能比三天的工作效率还要高。

4．规定工作完成期限，讲究统筹方法

如果你有一整天的时间可以做某项工作，你就会花一天的时间去做它。而如果你只有一小时的时间可以做这项工作，你就会更迅速有效地在一小时内做完它。这句话给我们的启示是：要对每项工作任务都规定一个完成期限，这样，就会赢得大量时间来干更多的事情。人都是有惰性的，而时间就像海绵里的水，只要肯挤，总还是有的。给自己一个时间限定，人的惰性就被赶跑了，而时间就这样被挤出来了。

在每天的工作中，有些内容相近、形式相似的事可以合并来做的，比如上网查询和打字、打印和复印资料、打电话和发传真等。将这样的工作集中起来专心致志一次完成，可以避免多次重复。当你重复做一件事情时，会熟能生巧，效率一定会大大提高。

5．遵循80/20定律，灵活安排时间

用你80%的时间来做20%最重要的事情，这是著名的80/20定律的内容。工作中肯定会有一些突发事件和迫不及待要解决的问题，如果你发现自己每天都在处理这些事情，那表示你的时间管理并不理想。对于秘书来说，一定要了解哪些事情是最重要的，成功者往往花最多的时间在做最重要但不是最紧急的事情，而一般人往往将紧急但不重要的事放在第一位。因此，必须改变原有的思维方式，学会如何把重要的事情变得紧急。

对于秘书来说，工作时间并不完全属于自己，因为领导随时会有工作分派下来，而办公室的工作也随时要作出调整，以应对临时性和突发性的事件。对此，秘书在规划自己的工作时间时，一定不能把任务排得太满，要灵活安排时间。一般只将时间的 50% ～ 70% 计划好，其余的时间应当属于灵活时间，用来应对各种打扰和无法预期的事情。

（二）领导的时间管理

秘书独特的工作性质使其时间管理具有特殊性。秘书自己本身的时间安排往往是被动的、从属的，必须随时根据所服务的领导的时间进行调整。所以，秘书的时间管理除了要进行自我的时间管理之外，更重要的是要协同领导，科学合理地安排好领导的活动等，确保领导公务活动顺利地运转。

秘书对领导时间的管理，在实际工作中就是对领导的工作日程进行安排。

1. 安排领导工作日程的原则

（1）计划先行，事先确认。秘书对领导的时间管理必须计划先行。秘书要对领导每一周、每一天的活动及时进行安排，列好活动计划表，以防止活动时间发生冲突或重要活动疏漏。每周周末，秘书要将下一周领导要召开的会议、参加的活动等列出一个时间表来，及时交由领导审定，然后按照领导审定的计划表去落实。如果遇到特殊情况需要进行必要的更改和变动时，要及时向领导反馈并征得其同意。除了一周安排表外，秘书还应该有一个每天安排表。在所有的日程表中，当天的日程表要非常具体，这张表必须在头一天就让领导确认；对于经常外出的领导，还要复印一份让领导自己带在身上，把有关方的电话号码等一些注意事项记在上面。

（2）统筹兼顾，劳逸结合。秘书对领导的时间管理必须统筹兼顾。在现实工作中，领导平时的活动非常繁忙，有时两个活动同时进行且同样重要，都需要领导参加，这时候就需要秘书进一步协调，统筹兼顾，把两个活动的地点尽可能安排得近一些，并尽可能地错开一些时间，以便领导能两边兼顾。

当然，在制订计划表时，一定要安排得适时和得当，做到疏密结合、劳逸结合，这样才能保证工作的质量和效率。人的脑力和体力必须每隔一段时间就变换不同的工作内容，做到劳逸结合，张弛有度，例如有时候上午已经安排了一个大会，那么下午就尽可能别再安排开会了，可以安排得轻松一些，让领导处理一下文件，理一理思绪，适当地休息等。这样，人的脑力和体力才可以得到有效的调剂和放松，从而兼顾了工作效率与领导的身体健康。

（3）重点突出，适当保密。秘书对领导的时间管理必须抓住重点。时间管理的重点不在于管理时间，而在于如何分配时间，特别是领导每天都要处理很多事情，但精力和时间毕竟有限，这就要求秘书在进行时间管理、为领导安排活动日程时一定要抓住重点，合理地安排最主要的工作和最关键的问题，让领导把主要的精力重点放在处理重要事务上。这样，就会像机器的主轴带动整个机器运转那样，促使其他的事情按时完成。

领导的工作日程安排要制作成一览表形式，打印好送给领导本人和其他相关部门。但应注意，给相关部门的日程表，内容不能太详细。因为日程表越详细，泄密的可能性就越大。因此，在制定日程表时可以使用一些表示特定工作内容的符号。另外，日程表旁边最好还要留一定的空白，以便随时能用铅笔补充内容或作特定的标记。

（4）机动灵活，留有余地。秘书对领导时间的管理必须机动灵活。秘书在为领导安排时间时要注意为其留出机动时间，避免用各种活动把一天的时间排满。如果把每天的时间都排满而没有留出一点儿机动时间，出现意外情况时，领导就不得不放弃计划中的工作，来处理突发事件。而今日未完成的工作，就必须加进明日的工作表中，这样就打乱了计划，会使后面的工作压力不断加大。

每天为领导留些机动时间，即使没有发生突发事件，领导也可利用机动的时间来处理一些较次要的问题；或与下属联络一下感情；也可休息一会儿，考虑一天工作中的得失等。这样，领导就可以有条不紊地完成一天的工作。

2．安排领导工作日程的方法

领导的工作分为日常性工作和突发性工作。日常性工作是指事先有计划、相对固定的工作内容，如开会、出差等；突发性工作是指事先无计划、临时安排的工作内容。秘书对领导工作日程的管理一般是将日常性工作提前写入日程表中，有突发性工作时再进行临时调整。

领导的工作日程安排可以分为年度、月度、一周和当天工作的形式。安排的详略程度视领导的实际需要而定。一般来说，年度、月度等中长期计划宜粗线条地大致写出个轮廓，而每周和每天的工作计划应写得比较具体、详细。

（1）年度工作日程表的制定。年度工作日程表一般是在上一年年底制定。这种表不必做得太细，也不可能做得太细，只要把单位在一年中的例行活动，如董事会、股东大会、公司成立周年纪念日、法定节假日和公司其他特定纪念活动以及可以确定必须参加的活动列入表中即可。

（2）月度工作日程表的制定。月度工作日程表是根据年度日程表来制定的，按时间先后注明领导出差、开会等预定事项，特别要注意抓住当月的重大活动。月度工作日程表每个月连续制定，一般当月的日程表应在上个月月底之前制作完成。

（3）一周工作日程表的制定。一周工作日程表是将领导一周之内的主要活动，如约会和会议等预定好的工作记入表内，这是领导一周之内具体工作安排的基本依据。此表一般是在上一周的周五制作完成。日程表做完之后，要送给领导审阅，请领导确认。

（4）当天工作日程表的制定。当天工作日程表是根据每周工作日程表制定出来的，它把当天工作的一些主要内容和注意事项记在上面，交给领导。此表必须在头一天就让领导确认，当天早晨上班后，复印一份让领导再次确认。对于经常外出的领导，最好复印一份让领导随身携带，并把有关方的电话号码等一些重要事项记在上面。

（5）领导差旅日程表的制定。对现代企事业领导而言，出差和会议是一项经常性的工作，因此为领导制定差旅日程表也是秘书的经常性工作。领导的差旅日程表与其他日程表没有本质的区别，只是要求做得更细致，在时间安排上要更准确。领导的差旅日程表要考虑天气、交通工具等因素对工作的影响，并有针对性地作出相应的预案。

（6）多位领导日程表的制定。有时秘书要同时给几位领导制定日程表，这种情况最好采用一览表的形式。如果出现新的情况（比如需要召开全体董事紧急会议）需要调整大家的工作日程时，调整起来就非常方便。

这几种日程表的制定要灵活掌握，对于领导的工作安排，既不要重复，也不要遗漏；这几种日程表制定出来以后，要随时注意它们之间的衔接，最好经常把它们集中起来，相互对照。

3．领导工作日程表的编排程序

企事业重大的活动一般都会在年度计划表中提前做出安排，由企事业高层管理者集体研究讨论后决定。所以对秘书而言，在日程安排方面的经常性工作就是进行每月、每周和每天的工作日程安排。以每周工作日程安排为例，其编排步骤有以下几点：

（1）在本周的前几天，请每位领导在工作预定表上填写自己下一周将要处理的主要事项或将要参加的重要活动。

（2）在周五，将每位领导的工作预定表收集起来加以整理。如果有人没有时间填表，秘书要以口头的形式询问对方，帮其填好表格。

（3）对收集上来的工作预定表进行仔细的阅读和统计，并与当月工作日程表进行核对，如有矛盾之处，应立刻向领导本人询问，以便及时调整。

（4）将工作预定表的内容梳理后编制成下周的工作日程表，打印出来送给每位领导一份。

每月的工作日程表和每周的工作日程表制作步骤是一样的，下月的工作日程表要在本月末制作完成。每天的工作日程安排，则是按照时间先后逐一列出。

4．制作领导工作日程表的注意事项

（1）分类有序，重点突出。对企事业而言，在日常工作当中，有很多客户都要求与领导面谈，但要想全部安排见面几乎是不可能的，因为领导的时间毕竟是有限的。因此，秘书在给领导安排工作日程时，要对领导的工作进行分类，以保证领导的工作效率。作为重点，对于那些确实需要与领导面谈的客人，秘书也需要对他们所关心的问题和与自己公司的关系做出判断，这样在安排约会的时间和顺序的时候，就能做到胸中有数，确保领导的日程安排科学合理。

（2）随机应变，机动灵活。在实际工作当中，情况经常会发生变化，需要改变领导原来的日程安排。在这种情况下，秘书要能根据具体情况，随机应变，采取相应的措施：如果是在时间范围较长的预定期间内出现新的情况，秘书应及时提醒领导注意；如果实在不能避免，要及时与对方和有关部门联系，并对日程表进行修改，请领导确认；如果能够对预定的日程安排作相应的调整，应与客户和其他有关方面进行联系；如果约会时间延长，影响其他工作，秘书要告诉领导，听取领导的指示。一旦日程上有变更，要马上修改日程表，并通知相关人员。

第二节　电话管理与邮件处理

■ 一、接打电话

接打电话是办公室日常工作中重要的组成部分，这件看似简单的工作实际需要注意的事项有很多。如果掉以轻心，轻则耽误工作，重则会给单位造成重大的恶劣影响甚至经济损失。

（一）接打电话的原则与要求

1．态度热情礼貌，语气清晰温和

电话是单位对外的一个重要窗口，接打电话时代表的是单位的形象。因此，态度一定要热情礼貌，说话时语气要温和，为保证对方听清自己的话，口齿要清楚，吐字要清晰。

2．语言简洁，表达规范、正确

为提高办事效率，节省通话时间，接打电话时要统一使用标准的普通话，语言要简洁明了。

3．注意通话时间和保密

（1）通话时间，一是指接打电话的时机，二是指通话时间的长短。一般来说，刚上班和快下班时不宜打出电话，打电话时也不宜通话时间太长，以免影响其他工作。

（2）保密，是指在通话过程中注意内容的保密，有些涉及秘密内容的事项不宜在电话中与对方交流。

（二）接听电话

1．接听电话的步骤

接听电话一般分以下几个步骤：准备记录物品—迅速摘机应答—主动自报

家门—确认对方身份—听记对方陈述—及时提出疑问—复述来电内容—礼貌结束通话—轻轻放下话筒—整理电话记录（电话记录单）。

2．接听电话的注意事项

（1）接听电话时要先亲切问候对方，然后主动报出单位名称，并表示愿为对方服务。

（2）如果遇到对方拨错号码时，不可大声怒斥或用力挂断电话，应礼貌告知对方。说话时声音要诚恳，语气要舒缓，要让对方感受到你的友善。

（3）为了尊重对方，在接听电话时不要与旁人打招呼、说话、吃东西或小声议论某些问题。如果在听电话的过程中非要处理某些事务，一定要向对方打个招呼，并道声对不起。

（4）接听电话时必须保持足够的耐心和热情，要注意控制语气、语态、语速、语调，语言要亲切简练、礼貌和气。要仔细倾听对方的讲话，一般不要在对方的话没有讲完时就打断对方。如果实在有必要打断时，则应该说："对不起，打断一下。"

（5）避免在电话中有不佳的情绪反应。对方声音不清晰时，应该善意提醒一下。转接电话时，首先必须确认同事在办公室，并请对方稍等。如同事不在，应先向对方说明情况，再询问对方名字，并考虑如何处理。

（6）电话交谈时要尽量简短，不要讨论无关要紧的问题，避免在电话中与对方争论，以免浪费时间。

（7）通话结束时，要表示谢意，并让对方先挂断电话。最后不要忘了说"再见"。

（三）拨打电话

1．拨打电话的步骤

拨打电话一般分为以下几个步骤：准备通话提纲—核查电话号码—拨出电话—自我介绍—陈述内容—解答疑问—再次确认重点内容—结束通话—挂断电话—整理记录。

2．拨打电话的注意事项

（1）理清思路，准备通话提纲。在你拿起电话听筒之前，应先考虑一下自己想要说些什么，可以先在心中设想一下要谈的话题或列一个通话提纲，不要在毫无准备的情况下，给他人打电话。

（2）养成随时记录的习惯。在办公桌上，应时刻放有电话记录纸和笔。通话时一手拿话筒，一手拿笔，以便能随时记录。

（3）主动自报家门。拿起电话时，应首先道出自己的身份以及自己所属单位的名称。

（4）确定对方是否具有合适的通话时间。给他人打电话时，应该在开始讲话时询问对方是否有空与你通话。如果对方正忙，可以另外再约时间通话。

（5）讲明自己打电话的目的。当你拨通电话并进入正题后，应及时向对方讲明自己打电话的目的，以免浪费时间或让对方产生误解。

（6）设想对方要问的问题。在电话中与他人进行商务谈话时，对方肯定会问你一些问题，所以你应该事先准备好如何做出回答。

（7）不要占用对方过长的时间。给别人打电话时，应尽量避免占用对方过长时间。如果问题不便当时回答，你可以挂上电话，要求对方回电告知你；或者你过一会儿再打过去。这样就不会过长时间地占用他人的电话线，以影响他人的正常业务。

（8）拨错号码应道歉。拨打电话时，应记准电话号码，以免打错。如果拨错号码，应礼貌地向对方道歉，不可随手挂机。

（四）接电话的礼仪

1．接电话的礼仪

（1）电话铃声一响，应尽快去接。不要让电话铃声超过3响，且最好在铃响的间隙拿起听筒。

（2）听电话时注意力要集中，回答问题要有耐心和热情，不能用生硬、冷淡或漫不经心的语调说话。

（3）接到打错的电话时，应该向对方说明自己单位的名称和电话号码，而不应该简单粗暴地说一句"打错了"，就"啪"地挂断电话。

（4）电话交谈完毕，应尽量让对方先结束对话，然后轻轻放下话筒。

2．打电话的礼仪

（1）选择适当的时间。一般刚上班或快下班时，人们都要先安排或整理一天的工作，因此不宜打出电话。另外，午休和周末，没有特别紧急的事务也不要拨打公务电话。

（2）通话时，首先通报自己的姓名、身份。必要时，应询问对方是否方便，如果方便才可继续交谈；若不方便，可再约定一个时间。

（3）电话内容要简明扼要，通话时间不宜太长。

（4）拨错电话时，要向对方说声"对不起"，以表歉意。

（5）电话打通后，若要找的人不在，不能马上就挂掉电话，这是不礼貌的。

（6）电话交谈完毕，在确认对方无事后，可先挂断电话。结束时应说声"再见"，然后轻轻地放下话筒，以示尊重。

■ 二、邮件处理

邮件处理是指在邮件、信函的收取和发出过程中所要进行的一系列工作。邮件包括各类信函、报刊、包裹和电子信函等。

（一）邮件的接收程序

邮件的接收程序是：邮件分类—邮件拆封—邮件登记—邮件分办。

1．邮件分类

比较常见的邮件分类方法有以下几种：

（1）按邮件的重要程度，邮件分为重要邮件和普通邮件。凡邮件封皮上有"机要""急件""快递""保价""挂号"等标记或其他带回执的邮件，或落款是重要人物、重要单位的，属重要邮件。其他为普通邮件。

（2）按邮件的性质，邮件分为公务邮件和私人邮件。公务邮件又细分为：重要邮件、普通邮件（即上一种分法中的重要邮件和普通邮件）和报刊、广告、小册子等印刷品。私人邮件既包括寄给组织中具体某一个人的邮件，也包括那些封皮上标有"亲启""私人""保密"等字样的邮件，对于这类邮件，一般都要将其直接交到收件人手里。

（3）按邮件的紧急程度，邮件分为急件、次急件和普通件。

2．邮件拆封

邮件分好类后，应抓紧时间对属于自己处理的邮件予以拆封。

（1）拆封公务邮件，要求用剪刀、拆信器或电动邮件启封机等工具，不能用手撕，以免不小心而破坏邮件上的一些重要信息，同时也可以保持邮件封皮

（如信封）的美观。

（2）如果得到领导授权，秘书应及时对信函进行阅读处理。

3．邮件登记

在拆启邮件及阅函过程中，还应对与单位有关的重要邮件进行登记，这样既方便对重要邮件的去向、来函办理情况等的掌握和跟踪，也能保证重要信函的安全归档。

在对邮件进行拆封登记的过程中，还要求在邮件的右上角加盖或手写收件日期。这是因为有些信函的成文时间与发出时间可能会有较大的间隔，同时也方便分辨信函是否已经做过处理。

4．邮件分办

按照轻重缓急程度对需呈送的邮件再作细分，保证重要信函得到优先处理。

（二）邮件的寄发程序

邮件的寄发程序：邮件准备—邮件签字—查核邮件—邮件登记—邮件封装—邮件寄发。

1．邮件准备

信函起草完毕后，秘书应该按照正确的格式进行打印，并保证字句、用词及标点的使用正确，同时附上需要的附件。信件要整洁、清楚，防止疏漏。

2．邮件签字

许多邮件在写好以后需要领导签名，领导的亲笔签名会让对方对邮件内容予以重视，甚至有人在收到邮件后还会确认是否有领导签名。因此，请领导在信件上签名是一件不可忽视的事情。除紧急的信件必须立即请领导签字之外，一般的信件可以集中在一起，找一个方便的时间统一请领导签字。

3．查核邮件

在邮件封装寄发之前，需要仔细查核邮件。查核的内容包括：查核附件是否齐全、正确；查核信封、信皮的格式是否正确，姓名、地址、邮编是否正确，标记是否注明（标记有两种类型：一种是邮件性质标记，如"保密"等；另一种是邮寄方式标记，如"挂号信""特件"等）。

4．邮件登记

对重要邮件要在登记册上登记，以便日后与接收单位核对。

5．邮件封装

查核完毕的邮件折叠装入信封后，要仔细封好开口，并贴上邮票。注意：给邮票和封口上胶水时，要同时使用吸湿器。吸湿器能吸干过量的水分，以免玷污信封。

6．邮件寄发

如果邮件的数量和种类都较多，可以先对邮件进行汇总并分类，如境内平信、国际航空、特快专递等，因为不同的类型往往意味着不同的寄发要求。要了解邮政方面的规章制度和寄发时间，选择适当的邮寄方式。

第三节　印信与值班工作

一、印信管理

印信管理指机关单位对印章和介绍信的使用和管理。印章是单位职责和权力的象征，介绍信是单位对外联系的凭证，二者都代表单位行使职权，如果管理使用不当，就会给单位和社会造成危害，所以办公室工作人员必须认真对待此项工作。

（一）印章管理

印章，也叫图章，是指国家机关、社会团体和企事业单位在处理公务时所使用的单位印章和领导人的名章。

1．印章的种类

机关、单位常用的印章按其性质和作用，可分为正式印章、专用印章、钢印、领导手章、个人名章和戳记等。

（1）正式印章。正式印章也叫单位公章，是按照国家规定由上级领导机构正式颁发给所属机构使用的代表一定职责、权力的印信凭证。

（2）专用印章。专用印章是各级领导机构或业务部门为履行某一项专门职责而使用的印章。这种印章不代表整个领导机构，只代表领导机构某项专门业务内容和权力。它包括财务专用章、合同专用章、业务专用章等。

（3）钢印。钢印是用钢质材料制作的印章，它用于加盖各种证件。加盖钢印，就是采用模压方法加盖无色印章，只显出印章凸出的字样、式样和图样，而不显出图样、字样的颜色，一般加盖在证件与照片的交接处。钢印不能作为文件、介绍信以及其他票据凭证的有效标识，也不能独立使用。

（4）领导手章。领导手章是指刻有单位领导姓名的图章，它可以是领导个人亲笔签名的字体，也可以是其他标准字体。领导手章属于单位公章一类，它代表领导者的身份，是行使职权的标志，具有权威性。它的适用范围很广，通常用于任免、调动干部，此外，还用于合同、协议、毕业证书、聘书等重要文书和证件上，具有凭证作用。

（5）个人名章。个人名章属于私人印章，使用名章可以代替手写姓名，加盖个人名章可作为个人对某事负责的凭信。如会计、出纳、校对等人员的名章，可以加盖在经他们手处理的某些文件或票据上，以示负责。

（6）戳记。戳记是刻有一定字样的，带有标识性质的印章。这种印章字迹醒目，常加盖在显要的位置上，起着提示的作用。如财务单据上盖的"现金收讫"，文书处理中所盖的"急""特急"等。

2．印章的式样

印章的式样由印章的形状、尺寸、图形和印文构成。

（1）形状。不同的单位，因其级别性质不同，印章的式样也不同。国家机关和企事业单位的印章，一律为圆形；某些业务专用章（如收发、财务、校对等）可以是长方形、椭圆形或三角形；领导名章为方形。

（2）尺寸。对于印章的尺寸，国家是有专门规定的，刻制印章时，必须按照中央和国务院有关印章问题的具体规定办理。按照规定：国务院的印章，直径6厘米；省部级政府机关印章，直径5厘米；地、市、州、县、政府机关印章，直径4.5厘米；其他机关、部门、企事业单位公章，直径4.2厘米。

（3）图形。县级以上政府及公检法机关的公章，中心部分图案为国徽；党的各级机关印章，中心部分图案为党徽；其他企事业单位的公章，中心部分为五角星。

（4）印文。公章上的文字要使用规范的简化汉字，字形为宋体，从左而右呈环形排列；领导名章个人自定；民族自治机关的公章应并列刻出汉字和当地的民族文字。印章所刊的名称应是该机关的法定名称，如字数过多，可采用通用的简称。

3．印章的制发

（1）刻制。印章的刻制是一件非常严肃的事情，任何单位和个人都不得随意刻制公章。单位公章的制发一般采用分级负责的原则，下级机关的公章由上级领导机构批准后刻制颁发。刻制本单位印章时，必须由本单位、本部门申请，开具公函，并详细写明印章的名称、式样和规格，经上级单位批准，到单位所在地的公安部门办理登记手续。印章必须在公安部门指定的刻字单位制作，在刻制过程中，要严格按保密要求办理。本单位不许自行刻制自己单位的印章，刻制本单位的业务用章，也须持有本单位的正式公函，刻字单位才能办理刻制手续。对于伪造印章和使用伪造印章者，应当依法惩处。

（2）颁发。颁发印章要正式行文，一般是向使用机构发布启用公章的通知。颁发印章时，要严格履行颁发手续，确保安全。制发印章单位颁发印章时，要进行详细的登记，并要留下印模。

颁发印章的方法，可以派专人送给受印单位，也可以打电话通知受印单位来专人领取，取送印章要按照取送机密文件一样对待。取送重要印章时必须两人同行。

4．印章的启用

印章的启用是指印章从何时开始生效使用。在正式启用印章时，应该提前向有关单位发出正式启用印章的通知，注明正式启用日期，并附印模，同时报上级单位备案。颁发机关和使用机关、单位都要把启用日期的材料和印模立卷归档，永久保存。只有在规定日期开始后，印章才能使用。强调印章的启用日期，是因为其在以后的工作中能起到辨别票据真伪的作用。启用通知上的印模应用蓝色印油，以表示第一次使用，启用通知的发放范围视该印章使用范围而定。

业务专用章的启用，可由各单位自行决定。对外产生效用的印章，如财务专用章、收发文件专用章等。在启用时，应该将启用的时间和印章式样通知有关单位。

5．印章的使用

（1）申请与审批。机关、单位在使用印章时要十分审慎，每次用印时要先提出申请，经由相关领导审查同意后方可用印。用印要经专职人员审查，绝不允许随意委托他人代取代用，也不允许在空白的凭证上用印。

（2）审核签字与内容。用印时，首先应检查是否有机关或单位负责人批准用印的签字。原则上，机关或单位都要制定有关用印的规定，用印应由这个机关或单位的有关负责人批准。其次，用印前要仔细阅读用印的文件内容，不能不看内容就盲目盖印。同时，还要检查留存材料是否交全。

（3）用印登记。每次用印都进行登记。登记项目包括：用印日期、编号、内容摘要、批准人、用印单位、承办人、监印人、用印数以及留存材料等。除了机关单位的介绍信有存根，发文有发文登记簿不用登记外，其他每次用印，不论大事或小事，都应进行登记。

（4）用印地点。使用正式印章要在办公室内，一般不能将印章携带出机关或单位以外使用。印章不能脱离印章管理人员的监督。在一般印刷厂套印有单位印章的文件时，应有印章管理人员在现场监印。

（5）盖印方法。盖章时精神要集中，用力要均匀，使盖出的印章端正、清晰、美观，便于识别。印章文字不能盖歪或盖得颠倒、残缺。以机关名义发出的公文或函件必须加盖机关的印章。机关的正式公文只在文末落款处盖章。带有存根的介绍信、证明信或公函等要盖两处印章，一处盖在落款处，另一处盖在公函连接线上。凡是在落款处加盖的印章都要端正盖在成文日期的上方，并做到上不压正文，下压成文日期中4个字（视印章大小而定），俗称"骑年盖月"。

6．印章的保管

（1）选择合适的保管地点。印章一般要放置在单位的机要室或办公室，以便随时取用。若该单位不设机要室或办公室，则应指定专人负责印章保管，并存柜加锁，防止被盗。不能将印章随意放置在办公室桌上或敞开的保管柜里。节假日应对存放印章的地方加锁或封条，以防被盗。

（2）确定专门的保管人员。印章是机关单位对外的凭证和信物，因此必须选择政治上可靠、工作上认真负责、保密观念强、敢于坚持原则的人员来保管印章，以确保印章的正确使用。

（3）制定严密的保管制度。单位、机关要制定严密的保管制度，建立印章保管和使用登记册。印章保管人员应该明确责任，保证印章的正常使用和绝对安全，防止印章被滥用或盗用。印章保管人员不得委托他人代取代用。保管印章要牢固加锁。用印完毕后要妥善放好。一旦发现保管的印章有异常情况或丢失，应该保护现场，报告领导，查明情况，及时处理。

（4）注意印章的保养。印章保管人员要注意保养印章，及时进行清洗，以确保盖印时清晰。印章使用的时间一长，表面就会被印泥糊住，使盖印时字迹不清楚，难以辨认。保管人员应先把印章浸湿，再用小刷子反复在清水里刷洗，就可除去印泥残渣。

7．印章的停用

在单位名称变更、机构撤销、合并或因其他原因不复存在时，印章应停止使用。印章停用后应该按照上级规定及领导的指示，认真负责地做好印章停用后的善后工作。

（1）发文给与该单位有业务往来的单位，通知已停止印章的使用，并说明停用的原因，标明停用的印模和停用的时间。

（2）彻底清查所有的印章。停用的废印章要及时地送交原颁发单位处理，不能在原单位长期留存。

8．印章的存档和销毁

印章停用后，应对其进行全部清查，并把清查结果报告单位领导或上级机关，视具体情况慎重处理：根据不同的情况，或上缴颁发机构切角封存；或由印章作废单位填制作废印章卡片，连同作废印章一起交给当地档案馆（室）立卷备查，并将作废印章予以销毁；或由本单位自行销毁。对于重要的、具有保存价值的印章要妥善保存；对于一般的、没有保存价值或保存价值不大的印章，应该集中起来，定期销毁；属于领导个人的手章，应该退给本人；一般戳记可经批准销毁。销毁废旧印章，必须报请单位负责人批准，销毁时要由主管印章的人员监销。所有销毁的废旧印章都要留下印模保存起来，以备日后查考。

（二）介绍信的管理

介绍信是一种使用广泛的身份证明。一个单位的人员要出差办事，需有说明任务、证明身份的介绍信。介绍信的使用要严格管理，当开则开，不当开则坚决不开。开介绍信要履行一定的手续。

1．开具介绍信的手续

开具介绍信需要履行一定的审批手续：需要单位介绍信者，应填写单位介绍信审批单，经主管领导批准后，工作人员根据此单填写介绍信相关内容，盖章后发给需用人。履行审批手续，一是可以防止个人乱用介绍信，二是可以使机关或单位领导掌握介绍信的使用情况。

2．介绍信的管理

机关和单位介绍信的管理，应建立一种严格的管理制度，做到有据可查。大的机关单位的介绍信可以分给几个部门管理使用，但办公室在给职能部门分发空白介绍信时必须严格履行登记签收手续，并随时对各部门使用介绍信的情况进行检查。

3．介绍信的使用

（1）负责管理介绍信的工作人员，应严格执行介绍信使用签批手续。

（2）使用介绍信者的身份与事由要严格审核，用信人的姓名、身份、人数和事由要写清楚，防止冒用和伪诈。

（3）填写介绍信时，单位名称要用全称或规范化的简称，签署、用印和时间都要一一写明。

（4）介绍信要有编号和骑缝章，存根和发出的信要一致。

（5）严禁发出空白介绍信或在空白介绍信上盖章，更不能委托他人代为填写和盖章，也不能让领用人自己填写和盖章。

（6）介绍信存根应妥善保管，按保密要求归档。

（7）对已经开出但没有使用的介绍信，应立即退还，未及时退还的，工作人员应该主动收回。收回后，将它贴在原存根处，并写明情况，以免丢失。

（8）若发现介绍信丢失，领用人应立即向本单位反映，并及时采取相应措施。

■ 二、值班工作

值班工作是指单位为保证组织正常运转而指定专人值守工作岗位，处理单位工作事项的一种工作方式，是办公室的日常工作之一。

（一）值班工作的形式

值班工作的形式根据工作需要大体上有以下三种：

1. 专职值班

专职值班设有专门的值班机构，多称值班室或总值班室，配备专职值班人员，负责本单位全天 24 小时的值班工作。一般党政机关和企事业通常采取这种值班形式。

2. 兼职值班

兼职值班也叫轮流值班，主要负责单位在每日下班后和节假日期间的值班，目的是维持单位正常运转，保证各项工作不至于中断或延误。这种值班一般由单位秘书和其他行政人员轮流担任，值班地点通常就在自己的办公室内。大多数基层机关和中小企事业单位多采取这种值班形式。

3. 专兼职相结合的值班

专兼职相结合的值班形式是将专职和兼职两种值班形式综合起来，即白天由专人值班，晚上由一般工作人员轮流值班；平时由专人值班，节假日由一般工作人员轮流值班。

（二）值班工作的内容

值班工作的内容很繁杂，大体来说可以归纳为以下几种：

1. 完成领导交办的事项

值班工作很大一部分内容是承办领导交办的各种临时性的紧急事务。如：通知有关人员参加会议，查问有关部门和人员对某一事项的办理情况，受委托做好接待工作，根据领导指示了解下级部门的情况，向有关单位或人员转告领导的指示等。领导交办的事务很多，范围也很广，需要根据具体情况灵活办理。

2. 保证信息联络的畅通

保证信息联络的畅通是值班工作的一项基本任务，包括上情下达和下情上达两部分。

上情下达就是指把上级的指示和通知及时传达给本单位领导，或把本单位的有关事项及时通知下级单位或部门。

下情上达就是指把本单位的事项及时汇报给上级单位，或将下属单位的事项及时汇报给本单位领导，保证重要的工作事项不被耽误。

3．妥善处理来函、来电

在下班后或节假日，单位的各种邮件和电话业务一般是由值班人员来负责处理。对于急电、急件，值班人员应及时通知具体承办单位、部门或报告分管领导；对电话请示和文电内容，值班人员一般只负责传达而不能随意表态，以免造成机关和领导工作被动。若领导有批示或指示，再按领导的要求及时办理。

4．负责各种接待工作

对来访人员，值班人员应热情接待，酌情处理：能直接答复处理的，按照有关政策规定直接妥善处理；需由有关职能部门处理的，则转请相关职能部门接待处理；问题重大的，应请示领导后再做决定；需由领导直接处理的，经领导同意后要做好会见的具体安排。如是外地来访者，要在规定范围内，妥善为其安排好食宿等。

5．处理紧急突发事件

值班期间如遇重大生产或交通事故、火灾、暴雨、地震等突发紧急事件，值班人员要处变不惊，临危不乱，能够沉着、冷静地加以处理。一面组织人力进行抢救，一面立即向领导报告。

6．做好安全保卫工作

值班人员在值班期间，除做好上述工作外，还要协助有关人员做好安全保卫工作，防止单位重要物品丢失、被盗、破坏等问题的发生。

7．掌握领导的外出活动情况

领导外出时应由秘书告知值班室，以便随时取得联系。值班人员要详细记录领导外出的情况，尤其是领导出差在外时，要及时与领导联系，了解领导外出所在地的住址和电话号码，以便遇到急事能随时找到领导，保证工作的正常开展。

（三）值班工作的要求

一般来说，值班人员要遵守以下几条值班工作要求：

1．坚守值班岗位，不擅离职守

值班人员在值班时间内，必须坚守工作岗位，要做到人不离岗、人不离机（电话机），始终保持通信联络畅通。值班室要接纳来自方方面面的函电信息，随时都可能有突发性的事件报到值班室，有许多紧急事件无规律可循，因此，必须有人接收、传送和处理，以便随时准备应对复杂情况和处理突发性事件。值班人员有事要提前请假，如无接班人员，值班人员不得离开岗位。

2．认真处理事务

值班工作庞杂、琐碎、无规律可循，处理起来有时比较麻烦，如果出现差错或处理不当，轻则耽误工作，重则造成严重后果。因此，值班人员必须认真负责地处理好每一件事情，不得有丝毫的大意和马虎，如认真处理邮件、仔细转接电话等。

3．做好值班记录

值班记录包括值班期间的电话记录、接待记录和值班日志三种。这三种记录都可以采取表格的形式。

（1）电话记录，要写明来电时间、来电单位、来电人姓名、对方的电话号码和来电内容等，必要时还可以使用录音电话进行录音。

（2）接待记录，要详细登记外来人员的姓名、身份、证件和联系事由等，以备查考。

（3）值班日志，是对值班期间的工作内容进行的记录，主要包括对外来的信函、邮件、电话、来访以及突发事件的处理情况，以便接班人员能保持工作的连续性。

4．热情接待来访，发挥疏导作用

值班期间常见的工作是接待各种来访，对较大的单位来说，每天来访的人员较多，值班室对各种来访人员要根据不同情况做出恰当的处理。对前来洽谈工作的来访者，要仔细查验身份证件，问清意图后，协助并指引其办理有关事务；对于一般咨询问题者，只要不涉及单位机密，值班人员应尽可能地给予帮助。

5．增强保密意识，加强安全保卫

值班工作的内容之一就是做好单位的安全保卫工作，因此，值班人员一定要处理好热情接待来访人员和严格门卫制度的关系。既要热情接待，又要严格执行制度，严防坏人混入作案。如遇到紧急情况和可疑人员，应及时向领导、公安和保卫部门报告。值班人员要有保密观念，不能把亲戚或朋友带到值班室留宿，不能泄露机关秘密，不得擅自拆阅机密文件和他人信函。

6．严格执行交接班制度

一般单位的值班工作是有时间规定的，所谓交班是指上一班值班人员在规定的值班时间结束时，要将自己值班期间未完成的工作交代给下一班的值班者；所谓接班是指下一班的值班者在自己上岗前，要详细询问上一班的值班者有哪些工作还需要继续做完。每一个值班人员都要严格履行交接班制度，交班时要向下一班交代清楚，接班时要向上一班询问清楚。这样，才能保证值班工作的连续性。

第四节　办公室接待工作

接待是现代文员的一项重要日常事务，是沟通内部上下的"桥梁"，是联系外部的"窗口"。从某种意义上说，现代文员的接待工作就是单位的门面、喉舌，是单位形象的缩影。接待工作对现代文员的综合素质要求相当高，除了掌握接待工作的技巧外，还必须具备个人素质，体现在精神状态、言谈举止、着装打扮等方面。接待工作的好坏，将对本单位的形象起着至关重要的作用。

■ 一、接待工作的类型与原则

（一）接待工作的类型

接待是指对来访者给予相应的服务性的活动。它涉及面广，对象多而复杂。根据不同的对象、不同的来访目的，接待的内容各不相同。根据不同标准，分类方式也不同，具体如下：

（1）按照来宾的来访意图，可以将接待分为公务接待、会议接待、视察与检查接待、参观接待、经营活动接待、技术考察接待和其他接待。

（2）按照接待的对象不同，可以把接待分为外宾接待和内宾接待。内宾接待又可分为对上级单位来人的接待、对平行单位来人的接待、对下属单位来人的接待、对新闻单位来人的接待和对本单位来人的接待。

（3）按照来访者有无预约，可以把接待分为预约来访者接待和未预约来访者接待。

（二）接待工作应遵循的原则

1. 热情周到、注意礼貌礼节的原则

现代文员应主动放下手中的工作，热情周到地迎接来客。应习惯地运用礼貌动作和礼貌用语，专心听取对方的讲话并作必要的记录，如单位、职务、来访意图、要求等。交谈时应注视对方，不要左顾右盼、心不在焉，也不要随便打断或自作聪明地接对方的话。对经常联系或上司约请的来客，应主动问候，及时通传，视需要送上茶水或咖啡。

2. 平等、一视同仁的原则

现代文员常常是最先会见来客的，接待态度和效果会影响来客对单位的看法甚至合作的进展。因此现代文员应对任何来客都一视同仁，以礼相待，而不计其职务高低、衣着服饰、熟悉程度等。

3. 讲求时效的原则

现代文员在接待时应注意既不浪费客人的时间，也不浪费自己的时间，更要节省上司的时间。与客人交谈，除了必要的礼貌和实质性内容之外，应避免漫无边际的闲聊。如果对方反反复复、喋喋不休，可及时结束谈话。如果自己太忙，可站着与来客谈话，或者干脆说："对不起，我还有些急事要办。"如果同时有几位来客，可先简要问明来意，然后分清缓急，决定接待的先后次序。

■ 二、接待工作的程序与内容

（一）接待工作的一般程序

接待的内容不同，接待的程序也不尽相同，但一般的程序如下：

1．接待前的准备工作

现代文员要及时了解来宾的情况，确定接待规格的高低。接待准备工作包括：环境准备，布置接待室或会客厅，创造宜人、整洁、美观的接待环境；设施物资准备，包括接待用车、接待标志、电脑、来宾的用餐及住宿、接待场所、接待礼品等；信息资料准备，接待材料、活动材料及来宾的资料等。

2．制订接待工作计划

确定接待规格、拟定日程安排和开列接待经费。接待规格和来访意图决定了接待人员、日程安排和经费开支。涉及的具体内容有：来宾的单位及来访的目的、要求、人数、性别、身份、生活习惯、抵离的日期；工作日程的安排；由哪一位高级管理人员负责这次接待，由谁担任专职陪同人员及接待人员；来客的住宿地点、标准、房间数量等；会见、会谈的时间、地点和参加的人员、人数，担任主谈判的人员，其他谈判人员、翻译、后勤服务人员名单，大的项目还要有律师和会计的名单；宴请的时间、地点、规格、人数、次数；参观游览或娱乐等活动的时间、地点、人数、次数及陪同人员；接待期间的交通工具的安排；接待期间的安全保卫工作，包括饮食卫生、人身、财产安全等；接待经费主要包括住宿费、餐饮费、劳务费（讲课、作报告等费用）、交通费、工作经费（如租借会议室、打印资料、通信等费用）、考察参观娱乐费、纪念品费以及其他费用等。

3．接待工作的实施

在会见、会谈前，要做好信息资料工作，做到"知己知彼"，了解对方的背景，包括对方国家的政治、经济、地理、历史情况、对外政策、领导人情况等，对方可能提出的问题，若是外宾，则要掌握外宾的礼仪特征和习俗禁忌，并把它变成书面文字呈送有关人员，还要提供外交资料作为参阅。来宾抵达时，接待人员在大楼门口或大厅迎候，并引导来宾到会客室。若是重要来宾，则来宾进门口由主见人在门口迎接。会见、会谈前安排好座次。会见会谈时，要做好记录。会见、会谈结束时，有时要安排合影留念，应事先安排好合影图。安排合影留念时一般主人居正中，遵循"以右为尊"的原则让主客双方间隔排列，如果人多要分成多行，则按"前高后低"进行排列。注意尽量不要让客人站在边上。会谈结束后，在会客室门口与来宾握手告别，对重要来宾则送至大厅再握手告别。

4．接待工作后总结

来宾接待工作的记录，是重要的档案资料之一，一定要收集齐全，及时整理，按照档案管理规定的要求整理归档。另外，在送走来宾后，应结算接待经费，做好会谈善后事情的处理，力求事事落实到位。写好接待工作小结，如有必要，可编印简报。

（二）一般个体性来访者的接待

按来访者事先有无预约可以把接待工作分为预约来访者接待和未预约来访者接待。一般个体性来访者的接待具体做法如下：

1．主动迎接和问候

如果是依约前来的客人，现代文员应立即停下手头的工作，礼貌而热情地起身招呼来宾："您好！请稍等，我与经理联系一下。"如果是无约前来的客人，现代文员面对来宾，可以客气地询问："您事先约好时间了吗？"如果来宾进入办公室时文员正在接打电话，文员可以先以目光或手势向来宾示意，然后迅速结束电话，招待来宾。

2．礼貌引见，确保来访者满意

引见来访者到被访的部门，或按单位要求安排专门工作人员接待。引见来宾途中，应配合来宾的步调，尽量处在来宾左前方，并可与来宾进行适当的寒暄、交谈。转弯或上楼梯时，应稍停并指示方向，礼貌地用手示意。乘电梯时，应先告知来宾在几楼，并按住电梯开关，让来宾先入先出。到达目的地时，应向来宾示意，说明"就在这里"，或先行敲门，或直接为来宾推拉门，面对来宾，请来宾先入内，并向被访部门人员作介绍。

3．了解情况，尽心服务

在接待来访的过程中，现代文员应认真倾听，详细记录，准确理解来宾的意图，按上司的授意及时妥善地予以处理。要特别注意，在处理问题的过程中，对来宾的要求，现代文员不应随意推诿，也不要擅自做出某些承诺。

4．送客

当来访者离开时，应礼貌送客，如"请您走好""欢迎您再次光临"等，并为客人开门，帮客人取衣帽等物或是陪同客人到门口。若有必要，可帮助来访者预订车辆。即使来宾是不速之客，同样应以礼相送，这样可以显示自己的风度，对树立单位良好形象也有极大的帮助。

（三）特殊团体性来访者的接待

有时单位会遇到特殊团体性来访者，如外宾接待，接待或宴请重要外宾、友好人士、外交人员、外国记者和重要的外经贸团组等。特殊团体性来访者的接待具体做法如下：

1．接待计划

接待外宾，事前应认真制订接待计划，明确接待方针、礼遇规格、活动日程和费用预算。接待计划包括来访外宾的背景资料、来访目的、活动内容、要求、时间、地点等内容。

2．接待礼遇规格

根据对等接待原则，对不同身份的外宾，请相应领导同志出面接待。如外国政要议员以及重要外商、友人来访，可由对等级别领导出面接待；其他外宾可由单位领导批示接待。

3．接待礼仪

一是迎送。参加迎送外宾人员一般安排 2 ～ 3 人。外宾在本地参观游览，可由主接单位派少数人员陪同，一般情况下不必全程陪同。二是着装。一般情况下，外宾接待人员须着正装；特殊情况下，按对等原则，对等着装。三是会见宴请。宴请应依据不同情况，分别采取宴会、招待会、茶会、工作餐等形式。参加宴请的中方人数应少于外方人数。主办单位应对宴请的邀请、餐型、订菜、座次、餐具等环节做周密安排。宴请要根据国际惯例，尊重外方人员风俗习惯，同时注意体现地方特色，提倡用地方酒、饮料和水果。四是收赠礼品。接受外方赠送的贵重艺术品、有科研价值的物品及高级消费品要上缴。其他属于赠送团体的礼品，由接受单位妥善保管；赠送个人的纪念品，经单位领导批准留用或处理给个人。

4．新闻报道

对需要新闻报道的外事接待活动，应在接待计划中对新闻报道做出统筹安排。外事活动新闻稿可由接待单位向新闻单位直接提供。

第四章 企事业办公室文书档案管理

第一节 办公室文书档案管理

■ 一、文书与档案

文书是机关、团体、企事业单位或个人在社会实践活动中用来记录信息、表达意图、具有特定程式的文字材料。

《中华人民共和国档案法》规定的档案，是指过去和现在的国家机构、社会组织以及个人从事政治、军事、经济、科学、技术、文化、宗教等活动直接形成的对国家和社会有保存价值的各种文字、图表、声像等不同形式的历史记录。

由上述概念不难发现文书与档案的关系，即档案是由文书转化而来的。"今天"的档案就是"昨天"的文书，"今天"的文书将是"明天"的档案。文书是档案的前身，档案是文书的归宿；文书是档案的基础，档案是文书的精华；文书是档案的素材，档案是文书的组合。我们通常所指的"文书"不包括声音影像材料，而档案中则包括声音影像材料。

当然，并非所有文书都可以转化为档案，文书转化为档案一般需要具备以下三个条件：

（一）现时使用完毕或办理完毕的文书才能归入档案

正在办理中的文书不是档案，文书具有现行的效用。档案一般是完成了传达和记述等现行使用作用而备留查考的历史文件。"办理完毕"是指完成了文书处理程序，即在文书处理程序上告一段落，不能理解为把文书中涉及的事情全部办完了就算"办理完毕"。办理完毕的文书，也并不全是失效的文件。文书办理完毕存档后，按其行政和法律效力来说，可分为两部分：一部分失去现行效力，但有其他方面的保存价值；另一部分仍具有时效，如办完签署手续的协议书，虽立卷归档，但并不失其行政和法律效力。

（二）对日后实际工作和科研具有一定查考利用价值的文书才有必要作为档案

单位在办理事务的过程中，形成的文书数量庞大，任何组织都不可能也没有必要将其全部作为档案保存，档案应是经过鉴别挑选出来的，有留存价值的文件。办理完毕的文书，由于功能上发生了变化，分化成两个部分：一部分随着办事工具的现行功能结束而失去留存价值而被淘汰；另一部分因仍有查考价值而留存起来成为档案。档案和现行文书，虽然从它们的内容和形式构成来说是统一的，但它们的社会职能却不相同。

（三）按照一定规律集中保存起来的文书才能最后成为档案

档案虽然是由文书转化而来的，但是文书不能自动地成为档案。

文书是日积月累、逐份逐件地产生的，只有把这些文件按照一定的程序和条理集中保管起来，才能转化成档案。科学意义上的档案，是经过立卷归档并集中保存起来的文书。归档和保存，既是文书向档案转化的程序和条件，又是文书转化为档案的一般标志和界限。

综上所述，文书是档案的前身，是档案形成的素材。同时，文书也是办公室文秘工作的主要产品，而公文办理、档案管理又是办公室文秘工作的主要职责，因而文书将秘书工作和档案管理工作紧密联系在一起。因为文书处理工作是档案管理工作的前提和基础，通过档案管理工作，则可以进一步提高公文质量，规范公文处理程序，并且能获取大量信息资源。可见，只有将文书处理和档案管理两项工作有机结合起来，才能为单位各项工作正常运转提供必要的保证。

二、文书处理与档案管理

文书处理由文书拟制、文书办理和文书管理等相互关联、衔接有序的工作内容组成。文书拟制有起草、审核、签发三个环节。文书办理包括收文办理、发文办理和整理归档。文书管理是指从文件的形成、运转到文件的保管、利用以及文件的整理归档、销毁等文书工作所有环节的管理、统辖和控制工作。

档案管理是指档案室、文件中心、档案馆所从事的档案业务工作，即用科学的原则和方法管理档案，为社会各项事业服务的工作。它的基本内容包括以下八项：档案的接收和征集、价值鉴定、整理、保管、编目与检索、编辑与研究、利用服务和档案统计，也简称收集、鉴定、整理、保管、统计、检索、编研和利用工作。

辩证地认识文书处理和档案管理各环节的特点和它们的共性，恰当地掌握各环节的功能和它们之间的相互关系，对于科学地完成文书档案管理工作具有重要的实际意义。

▌ 三、文书档案管理的意义

文书档案是反映行政管理活动的各种材料，它记录了一个社会组织所从事的各类管理活动，如党群管理、财务管理、人事管理、业务管理等。文书档案通常是由办理完毕的有保存价值的文书转化而成的。

文书档案管理对于政府机关和企事业单位而言都是相当重要的。

（一）文书档案管理是保持文件之间历史联系的重要手段

文件之间具有内在的历史联系。对于某些种类的文件而言，这种联系与生俱来，明确而固定。例如各种图纸文件，产生时就是一个文件整体的组成部分，图号确定了它终生不变的归属关系及其要素与标志。但对行政文件而言，情况恰恰相反，行政文件之间的联系是逐步产生的，容易被破坏，而且破坏以后难以复原。因此，文书档案管理在这方面的价值弥足珍贵。

（二）文书档案管理是开发利用档案信息资源的重要基础

文书档案是一种重要而特殊的信息资源。档案人员经过长期不懈的努力，已经将其建设成为一个可被持续开发利用的档案信息体系。文书档案管理使各文件保持所属文件之间的历史联系，揭示类目的主题和特征，并且明确彼此划分，区分文件归属，反映分类体系的结构和自身的位置。因此，文书档案管理是构筑分类体系和信息体系的重要结构要素，也是开发、利用信息资源的重要基础。

第二节 办公室文书管理

一、文书处理

（一）文书处理概述

1．文书处理的内容

文书处理的内容，在第一节概述中已经介绍过，包括文书拟制、文书办理（收文、发文、整理归档）和文书管理（从文件的形成、运转、保管、利用到归档、销毁全流程的管理）三项内容。

2．文书处理的作用

文书处理是工作中不可缺少的组成部分，是公务管理的重要手段，对于指导工作起着重要作用，在工作中占有特殊、重要的地位。

（1）文书处理是工作沟通的纽带。文书处理是联系上下、沟通左右的桥梁与纽带，是信息传递的通道。行使职权、实施管理都离不开文书处理。通过文书处理，对上报告、反映情况，对下传达、部署工作，从而使上情下达、下情上达，起到承上启下的作用；协调各方面关系，处理涉及若干部门的复杂工作，发挥纽带作用；与外单位交流配合，保持对外部环境的良好适应性，保障工作效率、质量，帮助单位争取支持、改善形象、提高声誉。

（2）文书处理是辅助决策的工具。文书处理服务于领导及各有关业务部门，具有辅助决策功能。文书处理工作能够及时获取信息，为正确决策提供依据；减轻领导处理文书的负担，协助领导整理、区分轻重缓急的公务，使领导把精力集中到决策中；获取实施决策所必需的信息支持，提取有价值的信息，形成工作建议和可行性方案，供领导决策时参考；提供工作上的便利，起到拾遗补阙的作用，辅助决策各项工作更好地完成；实现对已决策事项的落实、督促、检查、反馈，使决策更加科学。

（3）文书处理是档案管理的基础。文书处理和档案管理是互相衔接、密切相关的工作。档案工作的对象是完成了现实工作任务而留存备查的有价值的文件，没有文书处理就没有档案，也就没有档案工作。

文书处理的质量与效率直接影响档案工作的水平，从起草文件到整理归档，从收文到发文，每个程序都关系到档案的应有价值。做好档案管理工作，充分发挥档案的作用，必须从源头做好文书处理，提高文书处理各个环节的工作质量，加强文书处理的规范性和科学性，使档案工作建立在良好的基础之上，促进档案工作更加有效地开展。

3．文书处理的原则

（1）准确。准确是文书有效传递信息的基本保证。文书处理只有既迅速又准确，才能体现其法定效用。准确性必须落实到文书处理的每一个具体环节，如拟稿时使用的材料和语言要准确；缮印和校对文书时文字内容及标印格式要准确；投递文书时受文单位要准确；等等。

（2）高效。文书是记载和传递管理信息的载体，同时又是实施管理的重要工具，其运转的效率，直接影响领导工作乃至整个机关或单位的工作效率。文书处理的高效性原则：一是要求办公室工作人员树立强烈的时间观念和效率意识，具有雷厉风行的工作作风，及时准确地处理文书；二是要减少不必要的行文；三是尽可能消除重复的处理环节，缩短文书运转的周期；四是尽可能简化文字、篇幅、格式，以提高书写、输入、印制、阅读以及将来档案管理的效率；五是通过科学、合理的配置，使文书工作的组织形式、责任分工、人员组合始终保持最佳状态，从而从根本上确保文书处理工作的高效性。

（3）安全。文书处理必须以文书的安全为前提，包括信息安全和物质安全两个方面。信息安全是指要确保文书中的秘密信息不泄露、不失密，为此必须建立严格的保密制度，采取切实的保密措施。物质安全是指要维护好文书的质地，避免各种因素对文书造成的损坏，延长文书的使用寿命，为文书发挥历史作用奠定基础。

（4）规范。文书，尤其是公文，是各级各类法定组织实施领导、履行职能、处理公务的重要工具，因此有必要在全国范围内实行文书名称、适用范围、行文关系、行文规则、标印格式以及相应技术规范的标准化、规范化，避免因文书工作的不规范而造成沟通障碍，同时也可以有效防止出现仿冒伪造公文的现象。

（5）统一。文书工作必须实行统一管理。办公室是文书处理的管理机构，内部应当设立文书处理机构或者配备专职文书人员，主管本机关的文书工作，并且指导下级机关的文书工作。文书处理程序往往需要多部门参与，但对一些关键性的文书处理环节，如收发、登记、分文、拟办、审核、复核、用印等，应当由办公室统一负责。

（二）行文制度

行文制度是机关行文必须遵守的行文准则和规定，包括行文关系、行文方式和行文规则三个方面。行文制度，是公文拟制和收文、发文处理必备的基础知识。因此，办公室工作人员对此应该了然于心。虽然在第一章公文写作中，已经涉及过行政公文的行文规则问题，但在此有必要再做汇总介绍。

1．行文关系

行文关系是指发文机关与收文机关之间的文件往来关系。我国社会组织的管理机关有政权机关、团体机关等。

政权机关主要包括立法机关体系（全国以及地方人民代表大会及其常设机构），行政机关体系（中央人民政府和地方各级人民政府），政协机关体系，司法机关体系（最高人民法院和最高人民检察院以及各级人民法院、人民检察院），军事机关体系等；团体机关包括中国共产党机关体系、中国共产主义青年团机关体系、全国工会机关体系、全国妇女联合会机关体系以及其他群众性团体，如社会科学联合会等。

根据我国社会组织机关及其部门、单位之间的组织关系，文书的行文关系主要有以下几种情况：

（1）上下级关系。如国务院与各省、自治区、直辖市之间的关系；国务院与国务院各部委、各直属机构之间的关系。在这一关系之下，机关或部门向上级行文，使用上行文；上级机关向下级机关或部门行文，使用下行文。

（2）隶属关系。各机关无论大小和级别，都在同一系列内，如某乡政府就可以说隶属国务院或者所在省的省政府，而和其他省的省政府就不是隶属关系。在隶属关系之下，上级一般使用下行文，下级则使用上行文。

（3）平级关系。在一个系列中的同等级别的机关或者部门、单位之间的关系，如国务院各部、委、办、局，各直属机构之间的关系；各省、自治区、直辖市之间的关系。平级关系行文常使用平行文。

（4）不相隶属关系。不相隶属关系是指非同一组织系统的、不相隶属的、没有领导和被领导的机关及其部门、单位之间的关系。这种关系可以是上下级，也可以是平级的，如国务院办公厅和各省、自治区、直辖市教育厅之间的关系。不相隶属关系，无论是平级还是不同级别，一般都使用平行文。

2．行文方式

由于组织关系不同，文书的行文方向也有所不同，通常有下行文、上行文、平行文和泛行文四种，其中下行文和上行文各有不同的行文方式。

（1）下行文。

1）逐级行文，指上级机关采取逐级下达的方式或只对直属的下一级机关行文。例如，教育部对直属高校请示的批复。

2）多级行文，指上级机关直接行文到下属几级机关。例如，党中央将文件发至省、地、县委。

3）直达基层行文，指上级机关直接向最基层机关行文。采用这种方式行文的多是无须保密的普通文书。

（2）上行文。

1）逐级行文，指下级机关仅向具有直属关系的上一级机关行文，是上行文最常用的方式。除特殊情况外，下级机关一般仅向其直接上级机关行文。

2）多级行文，下级机关在必要时，向具有直属关系的上一级机关和具有直属关系的更高一级的上级机关行文。这种行文方式只在个别特殊情况下，如遇有重大问题时才可使用。

3）越级行文，下级机关在非常必要时，越过有直属关系的上一级机关，仅向更高级的上级机关行文，越级行文的同时，应同时报给被越过的上级机关。这种方式只能在下列特殊情况下采用：由于发生紧急特殊情况，逐级上报会延误时机造成损失的，如战争、严重的自然灾害和突发性的社会事件；经多次请示上级机关，长期没能得到解决的问题；直属上下级之间有争议而无法解决的问题；对直属上级机关揭发检举的问题；上级机关干部交办的并指定越级上报的情况；询问与联系极个别的必要的具体问题。

（3）平行文。平行文是没有隶属关系、业务指导关系的同级机关，或不属于同一系统的机关部门之间的行文。

（4）泛行文。泛行文可以同时上行、下行或者平行，还可向社会公布。公文中的公告、通告即属于此类。

3．行文规则

行文规则是各机关在公文拟制过程中所必须遵循的原则。中共中央办公厅、国务院办公厅 2012 年印发的《党政机关公文处理工作条例》对行文规则做出了具体规定，对此我们在第一章行政公文部分曾经提及。

第一，行文应当确有必要，讲求实效，注重针对性和可操作性。

第二，行文关系根据隶属关系和职权范围确定，一般不得越级行文，特殊情况需要越级行文的，应当同时抄送被越过的机关。

第三，向上级机关行文，应当遵循以下规则：

（1）原则上主送一个上级机关，根据需要可同时抄送相关上级机关和同级机关，不抄送下级机关。

（2）党委、政府的部门向上级主管部门请示、报告重大事项，应当经本级党委、政府同意或者授权；属于部门职权范围内的事项应当直接报送上级主管部门。

（3）下级机关的请示事项，如需以本机关名义向上级机关请示，应当提出倾向性意见后上报，不得将原文转报上级机关。

（4）请示应当一文一事，不得在报告等非请示性公文中夹带请示事项。

（5）除上级机关负责人直接交办事项外，不得以本机关名义向上级机关负责人报送公文，不得以本机关负责人名义向上级机关报送公文。

（6）受双重领导的机关向一个上级机关行文，必要时抄送另一个上级机关。

第四，向下级机关行文，应当遵循以下规则：

（1）主送受理机关，根据需要抄送相关机关。重要行文应当同时抄送发文机关的直接上级机关。

（2）党委、政府的办公厅（室）根据本级党委、政府授权，可以向下级党委、政府行文，其他部门和单位不得向下级党委、政府发布指令性公文或者在公文中向下级党委、政府提出指令性要求。需经政府审批的具体事项，经政府同意后可以由政府职能部门行文，文中须注明已经政府同意。

（3）党委、政府的部门在各自职权范围内可以向下级党委、政府的相关部门行文。

（4）涉及多个部门职权范围内的事务，部门之间未协商一致的，不得向下行文；擅自行文的，上级机关应当责令其纠正或者撤销。

（5）上级机关向受双重领导的下级机关行文，必要时抄送该下级机关的另一个上级机关。

第五，同级党政机关、党政机关与其他同级机关必要时可以联合行文。属于党委、政府各自职权范围内的工作，不得联合行文。党委、政府的部门依据职权可以相互行文。

部门内设机构除办公厅（室）外不得对外正式行文。

（三）文书拟制

文书拟制是文书处理的初始阶段，也是文书管理环节的开始。文书拟制，除了要遵从第一章公文写作中的格式、写作要求之外，还应当遵循必要的流程。一般而言，文书拟制包括文书的起草、审核、签发等程序。

1．文书的起草

起草又称拟稿、撰拟，即文件承办人员草拟文稿的过程，是文书处理的起始环节和中心环节。起草要领会写作意图，符合国家法律、法规、政策和其他规定，内容真实反映客观实际，提出的政策、方案、措施切实可行，格式符合规范，反映作者发布指令、交流信息、开展业务的愿望和要求。

文书的起草是机关或企事业单位的日常工作之一，有着特定的公务目的，包含拟稿准备、文书拟写和文书修改三个步骤。

（1）拟稿准备。拟稿准备是在正式书写文稿之前必须做的基础性的准备工作，一般而言，文书的起草根源于组织或领导的意图。因此准备的第一步即授受意图，领会领导想法，明白上级有关精神；拟稿准备的第二步，就是将领导意图、上级精神同本单位的具体实际相结合。因此，要全面掌握本单位实际情况，广泛深入地收集写作素材，核实情况的真实性、数据的准确性、引用材料的可靠性，并注明材料的出处。最后，根据写作意图和材料提炼观点，运用材料构思提纲，并选用正确的文体。

（2）文书拟写。在充分的准备基础之上，构思好文书的写作提纲，拟出基本写作框架，运用合适的表述方式和表达方法，进行写作。文书开头部分的写作，可用目的式、依据式、概述式、提问式；主体部分的写作可用纵贯式（以时间先后为序）、并列式（以围绕中心观点展开并列的说明为序）、递进式（以逐步深入的逻辑推理为序）、交错式（综合此前三种方式）；结尾方式可用定型式（如"特此通知""妥否，请批示"）、总结式（决议、工作总结、领导讲话多用此种方式）和号召式（常见于表态性公文）。需要注意的是，要规范运用语言，讲究公文的语法、逻辑、修辞和格式，做到准确、严密、规范、平实、顺畅，并正确使用词句、标点符号等。

（3）文书修改。"文章不厌百回改。"文书修改贯穿整个写作过程的始终，文书的修改要着眼于五个方面进行：一是立意方面，看文章是否准确反映领导意图，同现行政策法规有无冲突；二是材料方面，看其是否真实、典型、具有代表性；三是措施方面，看出台的举措是否切合实际，具有可行性；四是结构方面，看文书的结构是否紧凑、布局是否合理、条理是否清晰、重点是否突出；五是文字方面，看其逻辑、语法是否正确，语句是否通顺，用词、修辞是否合适，纠正内容重复、错字、错词和标点误用等。此外，还要看文体、格式、体式、语气等方面。

2．文书的审核

审核也称核稿，是对文书的内容、体式、文字等进行的全面核对检查。通常是由办公室负责或由具有工作经验、水平较高的秘书承担。

文稿审核的内容主要包括以下几个方面：

（1）是否有必要发文。考虑行文的必要性和可能性，确实需要解决现实问题，又具备解决问题条件，才能发文。

（2）同现行法规有无冲突。审核文稿内容与有关政策、法令以及上级的指示、决定等有无相互矛盾抵触，与本单位以往的发文有无前后不一致和自相矛盾之处。

（3）要求、措施是否明确具体、切实可行。审核文稿内容的政策界限是否清楚明确，有无笼统含糊、模棱两可、前后不一致之处，有无规定过于机械、烦琐之处，检查所提措施是否可行。

（4）文字表达是否合规。审核文字叙述是否通顺、简练、准确，是否合乎语法逻辑，有关数字是否已经核对，写法是否得当，标点符号是否正确。

（5）文件体式是否妥当。审核文种是否适当，标题是否达意，密级、处理时限定得是否妥当，主送机关和抄送机关是否符合规定。

（6）处理程序是否完备。审核文稿在处理程序上是否妥善完备，如发文的名义是否合适，是否需要交一定的会议讨论通过，涉及其他部门或地区职权范围内的问题是否协商一致并经过会签或上级单位的批准。

3．公文的签发

签发是单位领导对文稿进行最后审定并签署意见的工作。签发是发文处理过程中最关键的程序，是领导行使职权的重要形式。

（1）签发的类型。

1）依据职权的划分签发，指以单位名义发文，由单位负责人签发；以部门名义发文，由部门负责人签发，但当文件内容涉及重大问题时应送主管领导加签；领导有分工的按各自职权范围签发。重要内容须领导层集体研究通过，然后由主要领导人执笔签发。

2）授权代签。如单位法定签发人外出期间，可根据授权或委托其他负责人签发，事后法定签发人阅知。代签发时应注明"×××代签"。

3）会签。需要几个单位或部门联合发文，应由主办单位负责有关联署单位或部门的领导人会签。

首先是主办单位或部门签发，然后根据具体情况一一送相关单位或部门负责人签署意见。

（2）签发的要求。

1）认真审阅文稿。仔细阅读文稿，如发现问题需要做重大改动，应提出明确修改意见。待拟稿部门修改并重新誊清后再签发。

2）写签发意见。在发文记录单的签发栏内写明意见，并签署姓名和具体日期。代行签发的要注明"代签"字样。签发意见必须明确，不能模棱两可，字迹要清楚、端正，如需要送请机关领导人审阅的，要写明"请某某领导同志审阅后发"。若审批人圈阅或签名，应当视为同意。受领导委托代行签发职责的，要注明"×××代签"。

3）联合发文要会签。几个机关或部门联合发文，一般应由主办该文件的单位负责送请有关联署机关或部门的领导会签。

4）先核后签。文稿必须坚持"先审核后签发"的原则，避免因流程有误而导致决策不准确和效率低下。

（四）发文处理

文书拟制完成以后，即进入发文处理阶段。发文处理是以本单位名义制发文书的过程，主要包括复核、登记、印制、校对、用印、核发等环节。

1．复核

复核是指公文正式印刷之前，对文件定稿进行的再次审核的工作，以防止遗漏和疏忽大意，确保成文的质量。

复核的重点有：审批、签发手续是否完备；附件材料是否齐全，有无遗失或缺页情况；公文格式是否统一、符合规范；是否有错别字、漏字；等等。

如果发现草拟的公文有重大问题或需要进行实质性修改，应及时提请领导批示，或按程序复审。

2．登记

对复核后的公文，应当确定发文字号、分送范围和印制份数并详细记载，填写发文登记簿，以便对制发文件进行统计、核查等管理。

3．印制

印制是文书表达的意图书面化的过程，是使已经复核、登记的文件定稿成为正本，包括文书的排版、打字印刷与装订。文书印制是否准确、规范、符合要求，直接影响文书效力的发挥。

4．校对

校对是对印制出来的文本清样与定稿从内容到形式进行全面对照检查的一

道程序。校对是一项耐心细致的工作，校对人员必须有高度的责任感、较高的文字理论水平和谙熟的文书工作知识，还要有一丝不苟的精神，维护发文的严肃性。

5．用印

印章是单位行使职权的凭证，是文件有效性的重要标志，用印是在印制好的文件上加盖发文单位印章，以示文件正式生效。

6．核发

核发是完成文书的印制后，对文书的文字、格式和印刷质量进行检查后分发。核发文书的程序如下：

（1）检查文书。认真检查印制的成品文件的质量。登记发放文件的标题、字号、日期、签发人、份数等文件的基本要素。

（2）分发准备。明确发送单位、密级、有无附件。对发出的文件数量进行认真清点，确认份数无误。注意附件是否有漏缺，文件有无缺页、倒页、错页等现象，文件有无漏盖印章等问题。

（3）封装文书。确保封装文件正确齐全、封口牢靠、地址清楚。文书装入封套时要短于封口，封口要牢靠、严实，有密级的文件还要按密封的要求贴上密封条并骑缝加盖密封章。封面的书写必须清楚、明白、正确，邮编地址、部门名称、姓名称谓书写工整，不得使用简称和不规范的字体。

（4）发送文书。发送要按照文书的自身情况通过不同必要的传递手段和渠道进行。发送的形式有直达、中转和交换，渠道有电信传送和人工传送。电信传送指通过电传、传真、网络等形式传输文件。发送文书应做到及时、准确、保密，必要时进行催办、督办，对机密文件的传输采用加密方式。

二、文书立卷归档工作概述

（一）立卷归档的含义

单位在其职能活动中形成和使用的公文，处理完毕后，需要进行系统整理并移交档案部门保管，这项工作就是我们通常所说的"立卷归档"。立卷归档包括立卷和归档两个方面。

立卷是指将已经办理完毕并具有查考保存价值的文件材料，按照它们在形成过程中的联系和一定的规律，分门别类地、有序地组成案卷的过程。案卷是按照某种联系组成的文件组合体，是基本的档案保管单位。立卷又称组卷或编立案卷，是现行文件转化为档案的必经步骤。

归档是指文书处理部门或业务部门及文件工作者将办理完毕的文件材料整理立卷后，定期移交给单位档案部门集中保存的过程。归档是文书办理过程的最后环节，又是单位档案整理工作的首要环节。

（二）立卷归档的对象和范围

1. 立卷归档的对象

立卷归档的对象是指已经办理完毕并具有查考保存价值的文书。具体有以下几个方面：

（1）涉及本单位时间较长的规范性和行政指挥性文书。从发文机关来说，在文书发出后，就算办理完毕，便可将正本和定稿归档；从收文单位来说，经过传阅、传达，并制定了本单位施行的具体措施、办法后，就算办理完毕，可以把收文归档。

（2）需办理或答复的文书，经有关负责人阅批和传阅后，便算办理完毕，可以归档。

（3）相互来往的文书，如请示与批复、问函与复函，对于请示或询问单位来说，收到上级或对方的批复或复函并采取措施贯彻落实之后，才算办理完毕；对于批复或答复单位来说，在批复件或复函发出后，就算办理完毕，可以归档。

（4）涉及面较广的综合性文书，往往又产生许多具体工作的文件。只要其中某一项具体工作结束，相应产生的具体文件就算办理完毕。

（5）信访案件、工程建设等专门性文件，一般在所涉及的案件或工作完结后，才算办理完毕。

2. 立卷归档的范围

总的来讲，凡是本单位在工作中形成的、办理完毕的、具有查考和保存价值的文件，都应该立卷归档。具体包括以下几个方面：

（1）上级来文。上级单位发来的或在上级单位开会带回的需要本单位贯彻执行的文件材料，上级单位针对本单位发出的通知、决定、批复、计划、规定、命令等指令性和指导性的文件材料，上级机关对本单位人员的任免、机构成立、先进表彰等，都应立卷。

（2）本单位文件。为开展工作而发出的请示、报告、通知、决定、条例和规定等文件材料的原稿、正件、附件和重要修改稿等，为开展工作而形成的只供单位或部门内部执行和参考的各种计划、总结、调查报告、制度、守则、统计表和情况反映等文件材料的原稿、正件、重要的修改稿，会议中的工作报告、讲话、会议纪要、会议记录等各种文件材料的原稿、正件、附件和重要的修改稿等，均应立卷。

（3）下级来文。凡下级机关报送来的有关方针政策性的、请示性的或反映重要活动、重要情况、全面工作的文件，应当立卷。如有关重要问题的请示、备案材料，重要的或年度以上的计划、总结、年报、统计报表等，需要立卷。

（4）平级或非隶属机关来文。平级机关或没有隶属关系的机关来文，凡本单位需要贯彻执行的或有重要参考价值的也需立卷，如同级机关印发的一些规定、办法等。

（5）各种稿本的立卷范围。在拟制文件过程中形成的各种文件稿本，应视其具体情况立卷。

立卷归档时，要反对两种倾向：第一，该归不归，即文件材料残缺不齐，不能全面系统地反映机关活动的工作面貌；第二，"有文必档"，即把没有保存价值的文书，如一般的参考资料、重复的文件等也立卷归档，造成无效劳动，浪费人力、物力和财力。

（三）立卷归档的意义

1. 便于后续的查找利用

立卷归档的文书虽然是已经办结的事项，但是后续仍有许多可利用的价值。对文件进行系统的收集整理后，使其按照一定的特征有规律地排列并组合在一起，配上详细的检索目录，这就为查考和利用提供了方便。

2. 有利于文件的完整安全

立卷过程中，在收集齐全的基础上，按照一定的方法，将一份份文件组成案卷，加上封皮装订成册，这样不仅保证了文件的完整性，使之不易在查考利用中磨损和丢失，还维护了文件的安全。

3．为档案管理奠定基础

高质量的文书立卷，能为档案管理打下基础，使档案充分发挥广泛的社会作用，为将来的各项工作提供服务。

总之，立卷归档是档案管理工作中一个十分重要的环节，它是文书工作和档案工作的"接合部"，是两者交接的一个环节。立卷归档工作质量的高低，直接决定了档案的案卷质量，而案卷质量的高低又直接影响档案部门工作的水平，影响档案工作各个环节的工作开展。

因此，在实际工作中，各单位要高度重视文书的立卷归档工作。

第三节　办公室档案管理

一、档案的收集、整理

（一）档案的收集

1．档案收集工作的内容

档案收集工作的内容可以概括为两个方面，即档案的接收、征集。

档案的接收是指档案室（馆）按照国家规定收存档案的过程，它是整个档案收集工作的中心内容，是档案保管部门取得和积累档案的主要渠道。

档案的征集是档案室（馆）按照国家规定征收散存档案、散失档案和其他文献的活动，它是档案室（馆）取得和积累档案史料的必要补充渠道。档案收集工作主要由档案室（馆）完成。

2．档案室的收集工作

档案室的收集是指机关、团体、企事业单位的档案室对本单位或本部门需要保存的档案的接收，以及对那些未及时归档的档案的补充收集工作。

（1）接收归档。归档是对办理完毕且具有保存价值的文件经系统整理后交档案室（馆）保存的过程。在归档工作中，档案交由档案室保存的占绝大部分。有些企事业建有档案馆，则直接交由本单位档案馆保存，这其实也是一种归档。归档在我国是一项制度，该制度简称归档制度。

（2）平时收集。那些未及时归档的档案的补充收集工作，一般被称为平时收集。平时收集是档案室在归档制度以外，在平时对那些因执行归档制度不严或归档制度本身不健全而遗漏的零散文件的一种收集方式，其目的是补充归档制度的不足。

3．档案室收集的范围

行政、企事业单位的档案室接收档案的范围主要有三个方面：

（1）本单位各种门类和载体的档案。单位工作活动中直接形成的各种门类和载体的档案，是档案室收集的主要部分。具体的接收范围按照《机关文件材料归档范围和文书档案保管期限规定》（国家档案局2006年通过）、《企事业文件材料归档范围和档案保管期限规定》（国家档案局2013年通过）等规章标准执行。

（2）与本单位业务工作有关的资料。与本单位业务工作有关的资料，也是档案室收集的重点。只有将这些资料收集齐全，才会给将来的档案和其他工作带来方便。这些资料包括四个方面：一是公开出版或内部发行的各种政策、法令性文件汇编等方面的图书；二是具有本地区特色的地方小报、刊物等方面的报刊；三是不需归档但可短期参考利用、外单位寄发的各种简报、通讯等方面的文件；四是年鉴、年表、组织沿革、全宗指南等检索工具。

（3）代管与本单位有关的撤销或合并机关的档案。如果那些被撤销或合并的、与本单位有关的机关，没有及时将档案整理移交档案馆，应按以下方法处理：撤销的机构应将其档案规范整理后暂由主要职能归属机关代管。代管机关应对这部分档案单列全宗保存，不得与本机关的档案混合，并负责今后的保管、移交事宜。两个或两个以上单位合并为一个单位的，其档案移交给合并后的单位单列全宗管理。

4．加强平时收集工作

平时收集主要是对以下四种文件的收集：

（1）零散文件的收集。零散文件的形成原因主要有两个方面，一是归档制度未建立或建立归档制度后未严格执行，以致档案分散保存在内部组织机构、领导人、业务人员手中；二是发生火灾、水灾等某种特殊情况，使档案遭到破坏，甚至于支离破碎。

针对零散文件，应建立健全归档制度，做好档案的安全保管；同时想方设法去补救受损文件，将损失降到最低程度。

（2）"账外"文件的收集。"账外"文件是指未经文书部门登记，在收、发文登记簿上无"账"可查的文件。"账外"文件主要有四类：一是本单位召开的各种会议文件材料，如会议议程、发言稿、记录、纪要等；二是本单位领导和有关工作人员外出开会带回来的文件材料；三是外单位直接寄发给领导人"亲启"的文件或直接寄给部门和有关人员的文件材料；四是本单位内部的各种规章制度、办法和统计数据等。

针对"账外"文件，档案工作人员应加强与相关人员的联系，在最短时间内发现这些文件，并提前集中到相关的档案保管机构。

（3）专业和特殊载体文件的收集。专业文件是指那些专业性比较强的业务文件，比如会计、人事文件。特殊载体文件又称新型载体文件，主要指在纸张之后发明的诸如磁带、胶片、光盘等载体文件。在重视文书、科技文件收集的同时，还要重视专业文件的收集；在重视纸张文件收集的同时，还要重视胶片、照片、声像、磁带、磁盘、光盘、电子等特殊载体文件的收集。

（4）"双重"档案的收集。"双重"档案是指在重要会议、重大活动中直接形成的具有保存利用价值的文字、图表、照片、录音、录像、电子文件、实物等不同载体的历史记录。

"双重"文件收集应坚持"谁主办、谁收集"的原则。组织、承办重要会议、重大活动的单位必须明确专门机构，指定专人负责档案的收集、整理和移交工作，及时做好档案的收集，并按规范要求进行整理、归档，活动结束后按规定移交档案馆（室）统一保管，组织承办单位可保留档案的副本或复制件。

5．档案收集工作的质量控制

收集工作是保证档案质量的重要关口，档案完整、准确才能充分体现其凭证、查考价值。收集工作必须把好档案的质量关，做好文件形成、积累、整理、归档的监督、指导工作，特别要加强接收归档的质量验收工作。

（1）完整。凡反映本单位主要职能活动，具有保存价值的各种门类、各种载体的档案，均应收集齐全完整；与本单位业务工作有关的资料（如年鉴、刊物、文件汇编、成果汇编等）也应收集齐全。

（2）准确。准确就是要保证档案同其反映的对象一致，如实反映各项活动的客观面貌；同一活动形成的不同载体记录的内容应当一致。

（3）系统。系统就是整理时要维护文件材料之间的有机联系，不能割裂分散。具体包括：保管期限划分准确；分类、组卷、类（卷）内文件的排列科学；编号、编制的目录、装订符合国家的有关要求，所编制的检索工具应符合档案工作要求。文书、科技、会计、人事、音像、电子等门类文件整理，应分别符合《文书档案案卷格式》《归档文件整理规则》《科学技术档案案卷构成的一般要求》《CAD 电子文件光盘存储、归档与档案管理要求》等标准的要求。

（4）安全。档案的安全一是指档案实体安全，即档案制成材料耐久、可靠；二是指档案信息安全。收集时应认真检查档案的记录载体和记录方式是否耐久、可靠。

（二）档案的整理

文书档案的整理是按照一定的原则和方法对档案实体进行区分全宗、分类、组卷（件）、排列、编号、编目等，使之系统有序化的过程，整理的最终目的是便于保管和利用。文书档案整理工作是档案管理的一项核心内容，档案工作人员必须掌握整理技能，完成高质量的整理工作。

需要指出的是，本章所讲的文书档案整理是档案馆（室）对档案的整理，与归档文件整理既有区别又有联系，区别在于归档文件整理是各单位的文书处理部门或业务部门将办理完毕的文件经过整理向档案室归档的工作，而文书档案整理是指档案馆（室）对归档后的档案所进行的整理；两者的联系是当档案馆（室）接收和征集到一些完全没有经过整理的零散文件时所进行的全过程整理基本上与归档文件的整理工作相同，只是多了一个"区分全宗"的环节。

1. 文书档案整理工作的内容

由于档案馆（室）收集到的档案整理状况不同，因此，整理工作的内容会有一些差异，主要有以下三种情况：

（1）系统排列和编目。这是档案馆（室）对接收到的整理比较规范的文书档案的整理工作，是根据整个档案馆（室）对档案存放和管理的要求，对档案进一步系统化的过程，如全宗和案卷的排列、案卷（文件）目录的某些加工等。

（2）局部调整。有两种情况可做局部调整：一种是对已经整理过的交由档案馆（室）保存的档案，经过管理实践或专门的质量检查，有些地方不太符合管理要求或不便于保管利用，需要进行一定的加工；另一种是随着时间的推移，档案文件本身以及档案整理体系有可能发生变化，也需要进行必要的调整。

（3）全过程整理。对档案馆（室）接收和征集到的一些完全没有经过整理的零散文件需要进行全过程的整理，包括区分全宗、全宗内档案的分类、组卷（件）、排列、编号、编目等，这种情况的整理和归档文件的整理基本相同，只是多了区分全宗这一项内容。

2．全过程整理的基本流程

本节所讲的文书档案整理是指对档案馆（室）接收或征集到的一些完全没有经过整理的零散文件的整理，也叫"全过程的整理"，其步骤和方法如下：

（1）区分全宗。对档案馆（室）接收或征集到的一些完全没有经过整理的零散文件整理的第一个步骤就是区分全宗。

全宗是一个国家机构、社会组织及个人形成的具有有机联系的档案整体，形成全宗的单位称为立档单位，一个立档单位形成的档案就是一个全宗。立档单位可以是国家机构、社会组织，也可以是个人。

一般来说，具有法人资格的单位就是文档单位。

（2）全宗内档案的分类。区分全宗的工作完成后，就要对全宗内的档案进行分类。全宗内常用的档案分类法有年度分类法、组织机构分类法、问题分类法（事由分类法），还有两种或两种以上分类方法组合使用的复式分类法。

1）年度分类法。年度分类法是按档案形成的自然年度或专业年度进行分类的方法。

2）组织机构分类法。组织机构分类法是以立档单位内部所设置的组织机构为标准对档案进行分类，内部组织机构的名称就是类名。立档单位内部机构比较健全、稳定，且分工比较明确的单位可以采用这种分类方法。

3）问题分类法。问题分类法是按照档案内容所涉及的问题（事由）进行分类的方法。一般内部分工比较简单或职能有交叉的，或内部机构之间文件已经混淆的立档单位可采用这种方法。

4）复式分类法是两种或两种以上分类方法的结合使用。在档案实际整理过程中主要使用复式分类方法。常见的集中复式分类法，在此前文书归档流程中已经做过介绍，不再赘述。

（3）组卷（件）、排列、编号、编目。按照国家档案局发布的《归档文件整理规则》（DA/T 22—2015）的规定进行组卷（件）、排列、编号、编目。

二、档案的鉴定、保管和统计

（一）档案的鉴定

档案作为各项社会活动的历史记录，是重要的信息资源。随着社会的进步和经济的发展，档案的数量与日俱增。因此，档案的价值鉴定工作就成为保证档案质量、提高档案利用价值的重要保证。档案鉴定工作是档案部门按照一定的原则、方法、技能对档案进行鉴定，判定其价值，确定其保存期限，剔除失去保存价值的档案并进行销毁的工作。

1. 档案价值鉴定工作程序

档案价值鉴定工作通常分为三个阶段进行，涉及单位内部的文书工作部门、档案部门以及各级各类档案馆。

（1）文件归档鉴定。文件归档鉴定是各单位对处理完毕的文件所进行的划定归档范围的工作。归档鉴定所依据的原则是国家档案局发布的《机关文件材料归档范围和文书档案保管期限规定》的规定。各个单位也可以根据国家的规定确定本单位的归档范围。这项工作通常由单位的文书人员或秘书人员承担。

（2）划定文件的保管期限。由于各种因素的影响，同属于一个归档范围的文件常具有不同的保管期限。因此，在确定归档范围之后还需要对文件划定具体的保管期限。这项工作也应由单位的文书人员或秘书人员承担。

（3）档案价值复审。除了永久保存的档案外，其他定期保存的文件在保管期满之后，需要对其价值进行复审，以确定是继续保存还是予以淘汰。档案价值复审主要采取以下两种形式：

1）到期复审。到期复审是指对于短期或长期保管的档案，在保管期满后重新审查其是否确定丧失了保存价值。对保管期满的复审周期可以逐年进行，也可以若干年度进行一次，这项工作由档案室（馆）承担。

2）移交复审。移交复审是指档案室向档案馆移交档案时，档案室人员和档案馆接收人员共同对所移交的档案的保管期限进行的审查工作。

（4）销毁无价值档案。对于经归档鉴定和价值复审确认为没有保存价值的档案，应按照规定的手续和方法予以销毁。这项工作通常由档案部门承担。

2．档案保存价值的鉴定

档案鉴定工作的着眼点是挑选和确定哪些档案需要保存以及需要保存的期限。因此，对档案进行鉴定，确切地说就是对档案的保存价值进行鉴定。鉴定档案的价值主要应从它们本身的内容、来源、产生时间、稿本、外形、名称以及完整性和有效性等方面进行分析，具体操作方法可以按照以下步骤进行：

（1）分析文件的内容。分析文件的内容是鉴定档案价值的基础。内容重要的文件价值就大；反之就小。对文件内容的分析，通常围绕着内容的重要性、时效性、独特性三个方面进行。

（2）分析文件的来源。不同来源的文件往往具有不同的价值，其保存价值也不会相同。一般来讲，本部门形成的重要文件以及党政领导机关、上级主管机关和著名人物形成的文件，保存价值较大；以单位名义形成的文件比以单位内部机构名义形成的文件的价值大。

（3）分析文件产生的时间。文件产生的时间不同，其保存价值也就有所区别。一般而言，文件产生的时间越早，保存的数量越少，就越珍贵，其保存期限也就应该越长。

（4）分析文件的名称、稿本、外形特征。文件的文种或名称在一定程度上反映了文件的价值，如命令、指示、条例、决定往往要比通知、往来信函等文件的保存价值高。不同的文件稿本，其保存价值也是不同的。通常情况下，文件的定稿要比草稿的保存价值大，文件的正本要比副本的保存价值大。文件的外形特征、文字、图案等具有艺术、科学、观赏价值，或者文件上有著名人物的签名、题词的笔迹等，这些文件的保存价值自然会相应增大。

（5）分析文件的完整性和有效性。文件的完整性是指档案全宗中文件的完整程度。通常情况下，全宗内文件比较完整，在分析、判定文件的价值时就要从严；反之则从宽，如企事业单位的年度总结和年度统计报表，一般要永久保存，但是，在年度总结和年度统计报表残缺不全的情况下，季度和月份的总结及统计报表就显示出了重要性，应当适当延长其保管期限。文件的有效性是指文件在一定时间内具有法律和行政效力。如合同一般在特定的时间和条件下具有效力，一旦超出了特定的时限，其有效性就会消失，合同的价值也就会降低，甚至失去保存价值。

3．档案销毁工作

按照规定，档案管理机关应定期对超过保管期限的档案进行鉴定。鉴定工作结束后，鉴定机构还应提出工作报告，对确无保存价值的档案登记入册，经机关领导批准后销毁。未经鉴定和批准，不得销毁任何档案。销毁准销的档案时，实行两人以上的档案监销制度。

（二）档案保管工作

1．保管工作的任务

档案的载体在保存过程中因各种因素可能受到损害。从自然因素来看，档案载体会发生自毁，保管环境会给档案带来一定的损害。从人为因素来看，有各种故意损害和无意损害，这些都给档案保管工作造成了许多麻烦。为维护档案的完整与安全，档案保管工作必须做好以下三项工作：

（1）防止档案的损坏。"以防为主，防治结合"，这是保管和保护档案的基本思想和原则。通过了解、认识并掌握档案损坏的原因和规律，研究并采用各种有效措施，做好日常保管和保护档案的工作，最大限度地消除各种不利因素的影响，把档案损害率降低，控制在最小范围内。

（2）延长档案寿命。为保证档案的长期利用，必须采取积极的措施，从根本上改善档案的存储条件，研究并提高档案的修复技术，延长档案的寿命。采取修复技术时要充分注意档案制成材料的现状及其耐久性，以适应档案长期保存的需要。

（3）维护档案的安全。维护档案的安全包括档案实体的物质安全和机密内容的政治安全两个方面。要积极采取切实有效的防范措施，这是档案管理工作的原则和指导思想。

2．档案保管的物质条件

档案的保管必须借助一定的物质条件才能进行，物质条件的好坏在一定程度上决定着档案保管质量的高低。档案保管所要具备的物质条件主要包括以下几种：

（1）档案装具。档案装具是指用于存放档案的档案箱、档案柜、档案架等。档案装具首先要坚固耐用、存取方便、密封性能好，并且要求防水、防火。因此，最好由金属材料构成。一般来说，封闭式装具比敞开式装具更有利于对档案的保护；金属的装具比木质的更坚固，并有利于防火。

（2）档案包装材料。目前我国用于包装档案的材料主要有卷皮、档案盒、包装纸三种。

卷皮是包装档案的基本材料，它既可以保护档案材料不受磨损，同时又是案卷的封面。档案的案卷封面有硬卷皮和软卷皮两种：硬卷皮一般采用 250克牛皮纸制作，尺寸规格采用 300mm×220mm 或 280mm×210mm，封底三边（上、下、翻口处）要另有 70mm 宽的折叠纸舌，卷脊可根据需要分别设10mm、15mm、20mm 三种厚度，用于成卷装订的卷皮，上、下侧装订处要各有 20mm 宽的装订纸舌；软卷皮设封皮和封底，其封皮和封底可根据需要采用长宽为 297mm×210mm（供 A4 型纸用）或 260mm×185mm（供 16 开型纸用）的规格，使用软卷皮装订的案卷，必须装入卷盒内保存。

卷盒外形尺寸采用 300mm×220mm，其高度可根据需要设置成 30mm、40mm、50mm 等不同的规格。盒盖翻口处中部设置绳带，便于系紧卷盒。

档案盒封面应标明全宗名称，外形尺寸采用 310mm×220mm，盒脊厚度可以根据需要设置为 20mm、30mm、40mm 等不同的规格。

（3）技术设备。档案保管所需的技术设备是指空调设备、去湿器、加湿器、报警器、灭火器、电脑、复印机、装订机等具有"固定资产"性质的机械、仪器、仪表等。

（4）消耗品。档案保管过程中使用到的消耗品主要是指干燥剂、防虫剂等各种易耗低值的管理性办公用品。

3．档案库房管理

（1）档案库房管理基本要求。档案库房建筑是档案保管最基本的物质条件，是档案保管中长期起作用的因素，其质量直接影响档案保管中各项设备的采用与效果。为此，住建部和国家档案局 2010 年 8 月发布了《档案馆建筑设计规范》，作为档案管理机构建设档案库房的标准。如果确实因为资金等方面的限制无法达到标准，在档案库房的使用过程中也要达到以下几个方面的要求：

1）专用，即库房要独立，不能和办公室合用，也不能存放其他物品。

2）坚固，即库房应该是正规的建筑物，确保其安全性。

3）要远离水源、火源、污染源等。

（2）库房温湿度的控制。档案库房内的温湿度是直接影响档案自然寿命的环境因素，环境因素的影响对档案"寿命"的长短起着决定性的作用。

1）温湿度的要求。研究表明，档案保管最适宜的库房温度在 14 ～ 20℃。对于照片、影片、录音、录像等胶片、胶带档案的保护，则要求低温，一般在 10℃以下。温度忽高忽低，不仅会使档案制成材料频繁胀缩，而且空气中的水汽极易在档案上凝结，增加其含水量，在 150℃高温下档案会迅速遭到损坏，最适宜档案保存的湿度在 50% ～ 60%。

2）温湿度的控制要求。针对不同的库房条件，控制和调节温湿度的方法主要有两种：一是库房密闭。对档案库房进行严格密闭，能够较好地隔绝库房内外温湿度的相互交流，加之在库房内安装空调或恒温、恒湿设备，可以将库房的温湿度人为地控制在适宜的指标范围内；二是机械或自然的调控。有些难以做到密闭库房又无力承担配置空调或恒温、恒湿设备的档案室（馆），可以采取如下一些机械的或自然的措施对库房的温湿度进行人工调节，如给档案库房的门窗加密封条，可减少库房内外温湿度的相互交流，并有防尘作用。使用增温、增湿或降温、降湿等机械设备进行调控，改变不适宜的温湿度。

（三）**档案统计工作**

档案统计，就是以表册、数字的形式，揭示档案和档案工作的有关情况。档案统计工作实际上分为登记和统计两个环节。档案登记是对档案及档案工作中表现出的客观数据的记录，档案统计是在登记的基础上对档案现象的一种定量描述和分析，以认识和把握事物的总体状态。档案登记是档案统计的基础，档案统计是档案登记的最终目的，两者的关系密不可分。

1．档案室的登记和统计工作

（1）档案数量状况登记。档案数量状况登记包括归档文件目录和总登记簿两种。

1）归档文件目录。归档文件目录是依据分类方案和室编件号顺序编制的目录，是文书处理部门和档案室为掌握归档文件数量而编制的登记簿，一般由归档文件移交部门负责编制，其登记项目包括件号、责任者、文号、题名、日期、页数和备注。

2）总登记簿。总登记簿是用来登记档案室档案的收入、移出和实存数量的登记簿，用以控制档案室全部档案总量及变化情况。

（2）档案工作状况登记。档案工作状况登记主要包括档案的出入库、利用、借出、复制、摘抄记录等。

2．档案馆的登记和统计工作

根据《档案馆工作通则》的规定，档案馆应对档案的收进和移出、全宗和案卷数量、利用等情况进行登记和统计，并向同级或上一级档案管理机关报送。

（1）收进登记簿。收进登记簿是用来对档案馆收进的档案进行最初登记的文件，是为了了解档案馆每年接收档案全宗和案卷数量情况时使用的。

（2）全宗名册。全宗名册是用来统计档案馆保存的全宗数量，并固定全宗顺序号的登记册。

（3）全宗单。全宗单是以全宗为单位分别登记的文件，具体反映每个全宗档案的全面情况，是统计全宗情况最基本的原始资料。

▌ 三、档案的检索、编研和利用

（一）档案的检索工作

档案检索是对档案信息进行系统存储和根据需要进行查找的工作。档案信息存储是指将档案中具有检索意义的特征标识出来，加以编排，形成检索工具或档案信息数据库的过程；档案信息查找是指利用检索工具或数据库搜取所需档案的过程。这两部分内容是密切联系、不可分割的，存储是查找的前提，查找则是存储的目的。因此，对于检索问题需要把存储过程和查找过程作为一个整体来研究。

1. 档案检索语言

在检索过程中，影响检索质量的因素很多，而检索语言处于举足轻重的地位。为了提高档案检索工作的质量，需要使用专门的检索语言。检索语言也称为标引语言、标识系统等，它是根据检索的需要而创制的一种专门语言。

检索语言有两大类，第一类是分类语言，第二类是主题语言。目前全国档案部门统一使用的是《中国档案分类法》（2011 年通过）和《中国档案主题词表》（1988 年通过）。

2. 档案的著录与标引

档案著录是指在编制档案目录时，对档案的内容和形式特征进行分析、选择和记录的过程。所谓内容特征，就是指对档案主题的揭示，包括档案的分类号、主题词、摘要等。而形式特征则包括档案的题名、责任者、形成时间、地点、档号、文种、载体等。

在档案著录中对档案内容进行分析和选择，并赋予其规范化检索标识的过程，称为档案标引。其中赋予其分类号标识的过程称为分类标引，赋予其主题词标识的过程称为主题标引。

（1）档案的著录。为了建立健全我国的档案目录体系，开展档案的报道与交流，逐步实现档案检索的自动化，必须推行档案著录的标准化。为此，我国制定并颁布了国家标准《档案著录规则》，作为全国档案著录的规范性依据。

（2）档案的标引。档案标引的步骤主要包括主题分析和概念转换两个方面，具体地说就是通过对档案内容进行分析，明确档案中所记述的主要内容，然后用检索语言将其充分、准确、简明地表达出来。档案分类标引和主题标引都离不开这两个步骤，在主题分析方面，分类标引和主题标引的方法大体一致，只是根据标引方针不同对主题的确认程度不同而已，但在概念转换方面二者有所不同。

1）主题分析。主题分析是确定被标引档案主题概念的过程。主题分析的主要内容有两方面：一是分析主题的类型；二是分析主题的构成因素，也称主题因素。主题的类型依据档案内容可分为单主题和多主题。单主题是指一件（卷）档案只表达一个问题，多主题是指一件（卷）档案表达两个以上的问题。主题因素分为五种：主体因素（即反映文件主题内容的关键性概念）、通用因素（即对主体因素起补充和限定作用的通用概念）、位置因素（即文件所记述对象的空间和地理位置概念）、时间因素（即文件所论述的对象存在的时间概念）、文件类型因素（文件类型和形式方面的概念）。

2）概念转换。在确定了文件的主题概念之后，应将其转换为检索语言标出，这个过程即为概念转换的过程，也就是给出检索标识的过程。分类标引概念转换的基本做法是，根据主题分析的结果，查找档案分类表，将其相应类目的分类号作为检索标识赋予被标引文件。主题标引概念转换的基本做法是，根据主题分析的结果查找档案主题词表，将相应的主题词作为检索标识赋予被标引文件。

3．档案检索工具

档案检索工具，是用以揭示档案馆（室）保存档案的内容和成分，报道和查找档案材料的工具。它的基本职能有两个方面：一是存储，即将档案文件的有关特征著录下来，按照一定的顺序加以排列或进行客观的描述，以二次文献或三次文献的形式将档案信息集中起来；二是查找，即向利用者提供查找档案的线索，供利用者了解和查找档案时使用。可见，档案检索工具既是存储结果的最终体现，又是查找活动的必要条件，对检索效率具有重要的甚至可以说是决定性的影响。

（1）常用的档案检索工具。档案的内容、成分复杂，而人们利用档案的目的和要求不同，只靠一两种检索工具难以满足利用者的需要。为了适应从不同角度、深度和广度查找的种种需要，逐渐形成了多种类型的检索工具。档案检索工具，按体例分为目录、索引、指南三种。

1）目录。将档案的著录条目按照一定的次序编排而成的检索工具。

2）索引。将档案中的某一部分特征按一定次序排列起来的检索工具。索引和目录没有严格的界限，一般来说，目录条目是对档案内容和形式特征进行全面、系统的著录，著录项目比较完整；索引条目则比较简单，通常只有排检项（如档案涉及的人名、地名等）及其出处（档号）两个项目。

3）指南。以文章叙述的方式综合介绍档案情况的一种工具。

（2）常用档案检索工具的编制方法。

1）案卷目录。案卷目录是以案卷为单位，依据档案整理顺序组织起来的具有固定案卷位置，统计案卷数量，监督、保护档案材料功能的一种管理工具，也是档案馆（室）最基本的一种检索工具。它既是查找档案最基本的工具，又是编制其他检索工具所必须参考使用的工具。档案馆（室）为开展利用工作和发挥案卷目录的更大作用，还可将案卷目录汇编成册印发给各机关单位使用。案卷目录的汇编原则一般以全宗为单位，或根据全宗所有目录的数量状况编成一册或若干分册。

2）卷内文件目录汇集。卷内文件目录汇集也称"全引目录"，即将全宗或全宗的某一部分案卷内的文件目录汇编而成的检索工具。它是案卷目录与卷内文件目录"合二而一"的产物，其主要形式是，先列出每一个案卷的卷号、标题、起止日期、页数，接着就在下面列出这个卷的卷内文件目录。这种检索工具的优点是不仅有案卷号、案卷标题，而且还有卷内每份文件的作者、文号、文件标题、文件成文日期，所在页码，揭示内容和成分比较具体，查找案卷或单份文件都方便；即便档案保存在分库，对库存情况也可了如指掌；编制也比较简便，只将案卷目录与卷内文件目录打印或复印装订成册即可。缺点是案卷文件目录汇编之后，往往条目和册数较多，体积庞大；而且只能沿用原来案卷的分类体系，不能按照每份文件内容的性质来分，问题不够集中，不便按专题查找利用。

3）分类目录。分类目录是根据体系分类法的原理，将档案主题按《中国档案分类法》的逻辑体系组织起来的检索工具。分类目录的主要特点是系统地揭示档案的主题内容，具有较强的族性检索功能。分类目录一般采用卡片式，即分类卡片。就是将档案馆（室）永久和长期保存的文件或案卷逐一制成卡片，打破全宗界限和全宗内分类系统，按逻辑体系分类排列。

4）全宗文件目录。全宗文件目录是以逻辑体系的分类条目揭示某一全宗内档案内容与成分的检索工具。一般采用卡片式，即全宗文件卡片。其编制方法，是将档案馆（室）某一全宗的永久、长期保存的每份文件都制成卡片，打破全宗内原有的档案分类系统，按文件的内容组成逻辑体系分类排列。全宗文件卡片不受全国统一分类体系的限制，可根据每个全宗实有文件的情况设置分类方案。卡片的格式和填制方法与分类卡片大致相同，也可以简化一些。这种检索工具是机关档案室经常采用的一种形式。在档案馆，对某些重要全宗，有时也编制全宗文件卡片。

5）专题目录。专题目录是系统揭示档案馆（室）内有关某一专门题目档案内容和成分的一种检索工具。一般采用卡片式，即专题卡片。它的特点是以专门题目为对象，不受全宗限制，把全馆（室）有关某一专门题目的档案线索集中起来；制卡和分类比较简便，它不受全国统一分类体系和卡片格式的约束，可根据馆藏档案和实际需要自行设计分类方案。专题卡片有利于档案馆（室）工作人员按专题系统地查找档案材料，也便于利用者了解和查找有关题目的系统材料。专题卡片对于科学研究、总结工作经验、决定某些专门问题都有帮助，所以普遍受到欢迎，曾是三四十年来档案馆（室）占主导地位的一种检索工具。自 20 世纪 80 年代后期以来，分类卡片逐渐成为档案馆（室）一种主导的检索工具，专题卡片的地位有所下降，但仍有其不可取代的作用。

6）文号索引。文号索引是揭示档案的文号和档号之间对应关系的一种检索工具，它提供了一条按文号检索档案的途径。文号索引一般采用表格形式，所以通常称之为文号、档案对照表。也有的档案室以文号为检索项设置较为全面的项目，形成文号目录。

此外，还有人名索引、地名索引、档案馆指南、全宗指南、专题指南、联合目录等形式，在此不再过多介绍。

（二）档案的编研工作

档案馆（室）的编研工作，是以馆（室）藏档案为主要对象，以满足社会利用档案的需要为主要目的，在研究档案内容的基础上，编辑史料，编写档案参考资料，参加编史修志，撰写专门著述。

1．编研工作的内容

从我国现有实践和发展趋势来看，编研工作的主要内容大体可归纳为三个方面：

（1）熟悉与研究档案内容，编写档案参考资料。用这种方式提供的不是档案原件和复制件，而是档案内容的加工品，是系统的素材。有了这些系统的素材，利用者可以不必再翻阅大批档案，就能满足一定的利用需要，或者找到需要查阅的档案线索。

（2）汇编现行机关的档案文集和编纂档案史料。即按照一定的作者、专题、时间或文种等特征，把档案材料选编成册，在一定的范围使用或公开出版。例如党政机关的重要文件汇编、政策法令汇编，历史研究和各种专门研究需要的各种专题档案史料汇编等。

（3）以馆藏为基础，参加历史研究和编史修志，撰写有关的文章和著作。

档案工作者从事历史研究，是我国档案工作的一个优良传统。现在档案工作和史学工作虽已形成了专门的分工，但是作为历史档案材料基地的档案馆，仍需进行一定的历史研究，以便深入地掌握档案史料的内容，通过研究成果向社会传播档案信息，从而有效地发挥档案的作用。

2．档案参考资料

档案界通常所说的参考资料，是档案馆（室）根据档案内容综合编出的一种材料，它是档案提供利用的一种方式。参考资料具有与其他提供利用方式不同的特点。它与汇编的档案文集不同，不是提供档案原件，或直接根据档案复制副本、摘录，而是根据一定的专题对有关档案材料的内容加工编写而成的系统材料。它已改变了档案原来的面貌，具有问题集中、内容系统、概括性强的特点。

档案利用工作中编写的参考资料种类很多，名称不一，用途也较为广泛，归纳起来大致可以分为四种类型：大事记、组织沿革、统计数字汇集和专题概要。

（1）大事记。大事记是按照时间顺序简要地记载一定历史时期发生的重大事件的一种参考材料。它系统扼要地记载一定事件的历史发展事实，揭示重要事件和活动的发生、发展的过程以及它们彼此之间的关系。

大事记的主要用途是，可以向利用者提供了解某一问题的历史梗概，便于人们研究史实的演变及其规律性。它对实际工作和历史研究的查考都很有价值：可以帮助各机关领导同志和业务人员回忆过去的工作，了解本地区、本机关工作活动和发展的历史情况，便于总结、研究工作时参考；对历史研究人员研究国家和地方历史、编修方志也是很重要的参考材料；大事记也具有对群众进行宣传教育的作用，它提供许多系统的历史材料，有助于人们从历史发展的事实中总结经验教训，提高认识。

（2）组织沿革。组织沿革是系统记载一个机关、地区或专业系统的体制、组织机构和人员编制变革情况的一种材料。内容大致包括地区概况、机构名称改变、地址迁移、成立和撤销或合并的时间、隶属关系、性质和任务、职权范围、领导人员变动、编制扩大与缩小以及内部机构设置等变化情况。

组织沿革的主要用途是：便于人们查考和研究本地区、本机关、本系统的机构和人员发展变化情况；也可为研究国家机关史、地方史、革命史和专业史提供必要的参考材料；它也能为档案馆（室）编写立档单位历史考证提供系统材料，对整理档案、鉴定档案价值和帮助利用者了解立档单位的历史情况也有一定的参考作用。

（3）统计数字汇集。统计数字汇集又称"基础数字汇集"，就是以数字的形式反映一定地区或某一方面的基本情况的参考资料。基础数字的汇集工作，实际上也是对原来各种统计的综合工作，因此又称为"基本情况统计"。

统计数字汇集有很多用途：它对了解情况、研究问题、总结经验可以提供系统的数据，往往成为制订计划、指导工作的依据和参考；它可以为举办展览、报告会等宣传教育提供典型材料；可以专门刊印，以便领导人和有关人员随时使用，成为利用者常用的袖珍手册。

（4）专题概要。专题概要就是用文章叙述的形式，简要地说明和反映某一方面的工作、生产或其他社会现象和自然现象的产生、发展变化的一种专题资料。其一般称呼和专题的具体名称很多，如《××事业专题资料》《历年××发展基本情况》《××县自然灾害统计》《××市历届党代会简介》等。这种资料的主要用途是向利用者集中地提供某项工作、生产和其他方面系统的专题历史材料。

（三）档案的利用工作

1．档案利用工作的含义

档案利用工作的基本内容，就是介绍和报道馆（室）藏档案的内容和成分，通过各种方式为利用者实际提供文献材料和情报信息，进行咨询服务。

　　"利用档案"和"档案利用工作"是密切联系而又不同的两个概念。利用档案是指利用者为了研究和解决某种问题而使用档案。档案利用工作是指档案馆（室）为满足利用需要向利用者提供档案材料，也就是为利用者服务的工作。档案利用工作是利用档案的必要条件；利用档案发挥档案的作用，是档案利用工作的直接目的。

　　2．档案利用服务方式

　　档案馆（室）提供档案为社会主义事业服务，是通过各种各样方式进行的，一般有如下几种：

　　（1）以档案原件提供利用。如档案馆（室）内开辟阅览室，利用者在馆（室）内阅览一般文件原件；在某些情况下将档案原件暂时借出馆（室）外使用等。

　　（2）以档案复制品提供利用。如制作各种形式的档案原件复本，代替原件在馆（室）内阅览（如珍本）或提供馆（室）外使用；编辑出版文件汇编和在报刊上公布档案；举办档案展览等。

　　（3）综合档案内容编写书面资料提供利用。如编写各种参考资料，制发档案证明，函复查询外调，依据档案材料撰写专门文章和著作，向社会提供加工的档案信息。

　　3．做好档案利用工作的基本要求

　　（1）熟悉档案，了解需要。熟悉档案，主要指熟悉馆（室）藏档案的成分、内容、数量以及存放的库架位置，熟悉每一个全宗的档案形成和整理状况以及全宗与全宗之间的有机联系，并且熟悉各全宗档案的利用价值。了解需要，就是做好档案利用工作的预测工作。

　　熟悉档案和了解需求之间是彼此联系和相互促进的。熟悉档案要有一定的过程，熟悉的程度也大有伸缩性。如果熟悉本单位收藏的档案，便会有针对性地了解利用者的需要，从而主动、具体地安排利用工作。

　　（2）正确处理利用和保密的关系。在开展利用工作时，既要积极提供档案为各项工作服务，又要坚持保密原则。利用与保密从根本上来说两者是一致的，都是为了合理地发挥档案在社会主义事业中的作用；保密也是为了更好地利用。在实际工作中，应该全面地理解和处理利用和保密之间矛盾统一的辩证关系。档案在什么情况下提供利用；为谁提供利用，采用什么方式提供利用；在什么情况下需要保密，范围多大，什么情况下能解密，都要在国家和人民的利益这个大前提下，依据党和国家的方针政策，把两者结合起来。凡是提供利用有利于坚持党的四项基本原则、促进安定团结和社会主义事业的档案信息，均应积极地提供利用；凡是档案中的情报信息只在一定范围内使用才有利于安全、安定和建设的，则应严格地坚持保密。

为了处理利用与保密的关系，首先要澄清"利用危险，保密保险"以及历史档案"无密可保"的错误思想；其次要认真深入地审定档案内容，根据时间、地点和条件的变化情况，调整档案的密级，逐步扩大开放范围，减少烦琐的批准手续，方便广大利用者的正常利用。

第五章 企事业办公室工作人员必备素质

第一节 基本技能

▌一、具有良好的记忆力

职场人士都需要有良好的记忆力，尤其是职场文员，需要处理的事情多，接触的人员多，整理的文件多，临时性的任务多，没有良好的记忆力是无法保证做好工作的。以下列举的都是日常生活中的一些小事，但这些小事有利于提升人的记忆力。

▌二、具备一定的速记能力

职场文员很多时候都要充当秘书的角色，而作为一个合格的文员，速记能力是必须具备的。

在日常工作、学习和生活中，人们时常埋怨自己写得太慢，没有办法把听到的东西立即完整地记录下来。其实你写得不一定很慢，而是因为对方讲得太快，写和说不同步。

一般来说，正常的说话速度和正常的书写速度之间有一个很大的差距，而解决这个矛盾的有效方法是使用速记。速记可以一字不漏地记录讲话、报告乃至电台、电视台的播音内容，使语言的发音速度与人们的书写速度实现同步。

（一）充分认识速记的重要性

速记，顾名思义，"速"就是快，"记"就是记录。速记，是运用符号、编码及其缩略形式快速手写记录或用电脑速录语言信息的实用技术。它既能速记或速录有声语言信息，又能速记或速录思维、文字等无声语言信息。在当今社会信息化的环境下，中文速记已成为人们高效、快速地处理中文信息的一种技能。

速记和语言、文字一样，是人类通过长期劳动创造出来的。随着社会生产的发展和语言的日益丰富，在某些场合下，文字不能适应记录语言的要求。为了解决这个矛盾，人们在不断应用文字的过程中，采用了简化和略写的方法。速记就是在人们要求快速书写的基础上产生的。

速记的特点就是快。以汉语为例，一般讲话的速度，每分钟有80～120个字，而汉字的书写速度，每分钟30～40个字。不难看出，两者的差距是一与四之比。如果想用汉字把讲话的内容全部记录下来，那是无能为力的。而手写速记就能解决讲话与书写之间在速度上的矛盾，电脑速记也能解决讲话与汉字输入之间在速度上的矛盾。

但是，速记与记录文字不同。文字是约定俗成的、统一规范的表现语言的书写形式，是人们的社会交际工具，受到法律的保护。速记则是科学的快速书写技能或快速输入汉字的编码技术。所以，速记只是记录文字的辅助工具，是把语言转化为文字的桥梁。速记符号或速记编码，只要能达到速记或速录的目的，谁都有权改变、优化或创新。

（二）速记的分类

按照信息载体的不同，中文速记可分为三大类：手写速记、机器速记和电脑速记。

手写速记就是用笔在纸上书写速记符号，快速记录语言信息的速记系统。手写速记文稿必须通过整理、译写或利用电脑速记打印才能成为中文文稿。

机器速记就是用字母键盘或专用书写笔将语言信息快速地打印在纸上或输入、笔录到电脑中的字母速记系统。机器速记文稿也必须通过整理、译写或利用电脑速记打印才能成为中文文稿。

电脑速记就是利用安装了中文速记软件的电脑通过键盘快速处理语言信息，同时显现汉字文稿的编码速记系统。电脑速记稿可以编辑、排版、打印和存盘。

手写速记、机器速记和电脑速记虽然是自成系统的，但是它们是相辅相成的。在实际应用中，可以根据条件和需要随意选择。如果你学会了手写速记，只要随身带有笔和纸，就能使用手写速记。如果你学会了字母速记，只要带了英文打字机或笔记本电脑（在英文状态下输入），或者带了商务通、警务通、快译通一类的掌上电脑，就可以使用机器速记（用掌上电脑录入信息，速度慢且信息量受到一定限制，但比输入汉字快且便于查询）。如果你学会了电脑速记，只要带了安装有速记软件的笔记本电脑或亚伟速录机，就可以使用电脑速记。

（三）速记的用途

速记的用途十分广泛，主要包括以下几个方面：

1. 记录讲话

（1）会议记录。无论是商务洽谈会，还是报告会、讲演会、座谈会、讨论会、议事会、汇报会等，最好能用速记做记录。著名的"巴黎公社会议记录"就是用速记记录的。很多领导人的讲话和著作，有不少都是由速记稿整理而成的。

（2）新闻采访记录。在采访工作中，如果使用速记，就会比不用速记采访的人获得更丰富、更翔实的第一手新闻资料。

（3）学术讲座记录。很多重要的学术讲座和课堂的讲授，如果用汉字记录，很难记全，如果用速记做笔记，就能记得详细、精确。

（4）法庭审理记录。法庭的审问、调查、辩护或调解，都需要详细准确的记录，如果用普通的文字记录是无法记录完整的。不少国家的法庭审理笔录早已使用速记记录。

2. 摘抄资料

无论学习与工作，都需要积累资料。这是一项繁重的工作，如果使用汉字摘抄资料，必将耗费大量的时间、精力。使用速记，就可以节省时间，积累更多的资料。特别是从档案馆借阅文献资料或向图书馆借阅珍贵藏书，一般都有时间限制，不准携带外出。在这种情况下，我们就可以用速记在较短的时间内，记录下自己所需要的工作、学习和研究内容。

3. 记录事项

"好记性不如烂笔头。"只要你坚持用速记记录急事、要事，既不误事，又不费事。比如，运用速记在备忘录上记事，在日历上记事，在谈话中记要点，或者边接电话边做记录等，都比记录汉字方便快捷。

（1）用速记记日记。每天晚上临睡前，把一天中重要的事情和自己的感触记录下来，既可以作为个人的历史资料，又可以锻炼写作能力。用汉字书写往往费时费力，工作再忙也很难坚持下去。如果用速记记录，只需几分钟就够了，既迅速，又保密。

（2）用速记记笔记。无论自学进修做课堂笔记、读书笔记，还是做工作笔记、思想笔记，或是做生活杂记、家庭理财账务记录，都可以使用速记，既翔实，又可以节约大量时间。

4．起草文稿

起草文稿，是运用无声的语言表达思想。写文章、写信或起草文件，如果使用汉字起草，由于汉字笔画繁多、书写缓慢，往往顾此失彼。特别是起草急件，用汉字书写草稿更是费时费力。

如果用速记法打草稿，既可以随着思路的起伏，把思维中的语言信息完整地记录下来，还可以捕捉一些闪电式的灵感。最后，用汉字翻译整理成文章，起草工作就完成了。

5．收集原始信息

原始信息的收集是信息处理的基础，一定要下功夫收集各种原始信息。收集原始信息最好用手写速记记录。比如，阅读报纸、杂志、广告、简报和文献资料，用手写速记相关信息；经常收听各地的广播和收看电视台的节目，用手写速记记录从中获取的有用信息；带着问题到市场上观察，收集第一手资料，用速记记录有关信息既方便又不会引起麻烦。

总之，当今世界已进入信息时代，人们对信息、时间、速度和效率有了更高的要求，速记正是一种节约时间、讲求速度、提高效率的书写、输入手段。因此，职场文员一定要具备这种能力。

三、具有基本的外语水平

当今社会，用人单位对人才的要求越来越高，拥有较强的外语能力，已经成为在职人员升职的垫脚石。因此，很多职场人士为了拥有更广阔的发展空间，都会用业余时间去学习和掌握一门外语。

■ 四、具有一定的写作能力

现今职场中，很多人都有这样的感觉，无论从事什么工作，都需要有一定的文字写作技能。为什么会这样呢？原因就在于现在的社会越来越注重沟通和交流，越来越强调信息交流的现代化，而要做到这些，离开了文字写作，简直是寸步难行。

尤其是在群体工作环境中，即便比较具体的岗位职责比如文员，对文字的要求不是很高，但你如果希望努力改变自己的从业状况，希望得到别人的了解和认同，希望融入职场的整体环境，没有基本的文字写作能力，也会成为很严重的欠缺。尤其是注重企事业文化建设的单位，文字写作能力已成为衡量一个人工作能力的一个重要标准。

职场中的文字写作能力，一般都是公文写作。公文写作是指公务文书的撰写。在文书处理工作中，文稿起草是第一个工作环节，比起收发、登记等事务来说，往往需要更多的思考，花费较多的精力和时间，尤其是一些重要文件的起草，可以说是一项非常艰苦细致的创造性脑力劳动。无论是担任领导职务，还是从事文员工作，都免不了经常写文章。文字表达水平也就成了业务能力的主要体现。提高公文写作水平，要从提高自己的思维能力、经验水平和综合素质下手，没有什么秘诀可言，非得下苦功夫不可。

（一）勤学是前提

孔子曰："言而无文，行而不远。"一篇公文如果没有思想性，肯定寸步难行。要做到文意深远，起草者的理论水平、思想修养和知识储备起着至关重要的作用，而综合素质的提高只能靠勤奋学习。

学习公文写作要注意从以下几个方面努力。

1. 学习公文写作的基本知识

公文在取材立意、布局谋篇上都有一定的要求，特别是在文种、格式等方面有严格的规定。这些规定和要求一般需要通过熟读公文写作书籍来掌握和了解。

2. 学习范文

模仿是学习的重要形式，要根据自己所从事的行业，选择中央文件、领导讲话、行业文件、单位历史文件，以及报刊上影响较大的、公认的一些好文章精心研读，用心揣摩其思路及语言风格，细心体会其谋篇布局、形式特征等。

3．观察体会经验丰富同事的写作过程

学习写作很重要的一条经验，就是要认真体会领导、有经验的同事从立意构思到谋篇布局，从着手起草、反复修改到最终定稿的整个过程，领悟每一个细节。

（二）多练是有效途径

我们在听公文写作的理论知识讲座时，往往缺乏感觉，把握不住重点和要领，只有试着去写了，对文体、思路、语言的感觉才会清晰起来，才能体会到结构、语言、形式等方面的写作特点，慢慢地找到自己在写作中的差距，明确学习和提高的目标。

提高公文写作水平，离不开大量的练习，练习要从简单的文体、文种开始。先从写便条、信息条目、会议纪要等短小文稿开始，到新闻简报、请示报告等中篇文稿，再到工作总结、本单位及上级领导讲话，最后执笔或组织起草大型会议报告。

多练笔的同时，还应该注意进行认真修改，这对写作水平的提高也是很有帮助的。写文章是一个相当复杂的过程，疏忽和错误是在所难免的。只有反复思考、不断修改，才能使文章逐步接近完善，也才能使我们的写作水平在修改过程中不断得到提高。俗话说，"好文章是改出来的"，这话一点儿都不假。

（三）厚积是基础

俗话说，"巧妇难为无米之炊"。积累是公文写作的基础。学习靠积累，积累也是一种学习。公文写作中的积累包括积累构思、公文语言、写作信心和公文素材等。构思最难积累，需要有人指点、引领，需要写作者用心分析，需要大量的实践锻炼。积累公文语言是指依据不同的文种使用不同的语言，特别是讲话稿，要根据不同的讲话人和听众确定讲稿的语言风格，写作时间长了就会形成语感。积累写作信心就是指在心理上从刚开始接受写作任务时的诚惶诚恐，逐渐转变为坦然面对、从容不迫。

"手中有粮，心里不慌。"材料的积累在公文写作中至关重要，要努力让自己公文素材的"粮仓"丰满起来，写作起来才能得心应手。

（四）领悟是关键

"内容人人看得见，含义只有有心人得之，形式对于大多数人是一秘密。"这是歌德对鉴赏艺术作品所讲的一段话，其核心思想是：无论创作艺术还是欣赏艺术，都离不开"悟"。

对于公文写作来说，悟性也同样重要。同样的训练、同样的工作经历，有些人的写作水平只能停留在一定的层面上，而有的人却能把公文写作升华到艺术的境界。这里面除了客观的因素之外，最主要的差别还是体现在会不会"悟"上。悟性是每个人都具有的一种对事物的体会和认识能力，人与人悟性的差别主要体现在深浅上，公文写作中悟性的深浅与每个人的修炼程度成正比。

古人云"文如其人"，就是说从一篇文章中，可以看出作者的思想、见识、逻辑、文笔、语言等多种素质。正因如此，现在无论是学校还是企事业，都把培养人的写作能力作为提高素质的重要方面。世界高素质人才的摇篮美国哈佛大学，有六条教育理念和培养目标，其中第一条就是培养人清晰、有效的思考和写作能力。由此可见，写作能力对职场人士是非常重要的。

■ 五、书法也不能忽视

俗话说，"字是门面书是屋"，写得一手好字，别人定会对你青眼有加，可见书法的重要性。现今，人们在电脑上打字的速度越来越快，但字却写得越来越差，不仅如此，错字连篇、提笔忘字的现象也十分常见。

这种尴尬现象，对于很少涉及文字的工作也就罢了，可对于与文字密切相关的职场文员来说，就是不容忽视的问题了。

职场文员在很多时候都要一展自己的笔迹，如撰写文案、各类签名、各类记录、各类回信等。这时候，如果字写得难看，且还错字连篇，就很让人难堪了。而如果字写得漂亮，则会给人一种赏心悦目的感觉，也更容易使人产生好感。

那么，怎样才能写出一手好字来呢？

（一）练字的好处

1．可以陶冶思想道德情操

中国自古讲究"文如其人"，许多大书法家都是做人的楷模。他们的精神也有助于陶冶后学者的情操，例如"笔山""墨湖"的传说会激励后学者勤奋学习。同时，名人名帖也都是文质兼美的，也是培养思想道德情操的好"教材"。

2．可以提高审美鉴赏能力

书法艺术的形式美是通过有规律的组合线条作用于纸上而形成的，学生可以自觉地去手摹心追，去自觉感受流动的线条美。

3．可以培养严谨踏实作风

中国的汉字是讲究间架结构的，在练字的过程中，会有意无意地形成一丝不苟的习惯，久而久之，就会培养出一种严谨的作风，不但在写字上是这样，在学习、生活上都会有潜移默化的影响。而且要想把字练好并非一日之功，要经过长时间的耐心临摹才会有所收获，学生循序渐进地按一定的规范进行写字训练，可以有效地锻炼毅力，并养成一种严谨、踏实的作风。

（二）练字的关键点

1．练眼，即认真读帖

宋代的书法家黄庭坚认为古代人学习写字不都是依靠临摹，他们常常把古人的书法作品张挂在墙壁上，专心致志地观看它，看准了才下笔。有一次，唐朝的欧阳询发现了晋代索靖写的碑，爱不忍离，索性坐下读碑三天。读的帖越多，眼力就会越高，就会知道如何写才好，以及好在哪里。有一个成语叫"眼高手低"，眼高是手高的前提。发现不了美，不知什么是美，就更谈不上创造美了。

2．练脑或说练心

在细心观察的基础上还要把写得好的规范字牢牢地记在心里，把其字形深深地刻在大脑里，无论何时，一提到这个字，马上就能想出这个字在字帖上的形状。做到"胸有成帖，脑有成字"。

3．练手

练眼和练脑是为了搞清字该怎样写。可心中能想出字的最好效果，手中却不一定能写出这种最好效果，因为脑不一定能指挥得了手，手不一定能指挥得了笔。练手就是要达到心手一致、手笔一致的境界，所以练手也是至关重要的。练手主要是练指力、练腕力、练手感。写字的时间长了会感到手指发痛，手腕发酸，手不听使唤，只要多练，这一现象就会消失。

4．练结构

练字的关键是掌握字的结构。字的结构是指字的笔画的长短、比例及笔画间的穿插避让关系。如果掌握不住汉字的结构，无论如何对字的笔画进行修饰和美化，都是难看的赘物。所以，掌握字的结构、写好黑体字是练好一切字体的关键和基础。

（三）练字的步骤和方法

在练习黑体字，掌握字的结构，练好基本功的基础上，可以选定自己喜欢的字体进行练习。选定字体的过程叫选帖，在选帖的基础上，还要经过读帖、描摹、临帖、背帖、创作五步。

1．读帖

帖上汉字的读音我们都知道，无须再读。那么，读什么呢？读字形，读结构，读笔画，分析揣摩字的笔画特点及笔画间的相互关系。例如：我们读黑体字的"中"，要读出"中"的一竖穿过了"口"的正中间，"口"字稍扁，横的长度是竖的长度的二倍，中间的长竖被"口"字的下横分成长度相等的两段，其上段又被"口"字的上横分成长度相等的两段。这就是读字形、读结构。

2．描摹

"描"指的是描红，即初学者在印好的红字帖上沿笔迹用蓝笔描写。"摹"指摹帖，即用透明纸覆在范字上，沿纸上的字影一笔一画地写，又叫写仿影。

3．临帖

临帖指把字帖置于一旁，看着字帖一字一字地写在作业纸上，这种方法有利于掌握字的笔法笔意，但不易掌握字的结构。

4．背帖

背帖指在临帖的基础上把字帖去掉，根据自己的记忆，回忆字帖上的字形，将其写在作业纸上的方法。这是练好字的关键一步，只有对所写的字精审细察，胸有成竹，才能下笔有神，准确无误。写字的时候，如能在所写的白纸上看到要写汉字的准确字形，做到"成字在纸，成字在胸"，下笔如描红，写一手好字就不成问题了。

5. 创作

在掌握了字帖上的字的写法的基础上，触类旁通，悟出字帖上没有的字的写法。根据自己表情达意的需要，写出一段有中心、有内容、自成体系的文字，这就是创作了。

练字非一日之功，职场文员要想写得一手好字，除了注意练字的方法技巧之外，还有重要的一点就是坚持。只要坚持不懈地练习，总会写出一手令人刮目相看、打动人心的好字。

第二节　沟通与协调能力的培养

一、沟通能力

工作中恰到好处的沟通，其重要性不言而喻。上级关心员工，善于听取员工的意见和建议，充分发挥其聪明才智与积极性，可以提高员工的工作效率和成绩。部门和部门之间的互通，可以迅速地传递各种信息，增进配合，提高默契。同事之间的沟通，可以增进信息的共享，吸取不同的经验和教训。可见，工作中的沟通，对于一个单位来说，是多么重要。

沟通能力，对于职场人士自身的发展也是不可或缺的。即使是对文员来说，沟通能力也会对其在职场未来的发展起到决定性的作用。

在工作中，沟通能增强员工的主人翁意识，能集思广益，沟通是从心灵上挖掘员工的内驱力，为其提供施展才华的舞台。同时能缩短员工与上级之间的距离，使员工充分发挥能动性，使企事业发展获得强大的原动力。因此，无论对企事业还是对员工自己，沟通都是大有好处的。

（一）多聆听，了解对方真正的意图

如果你想成为一个谈话高手，必须先是一个专心听讲的人。要风趣，要对事物保持兴趣。问别人喜欢谈论的问题，鼓励他们多谈自己和自己的成就。所以，沟通的第一要领是：多聆听，而不是自己滔滔不绝地说。

（二）不要陷入辩论中，注意你的沟通风格

心理学家研究发现，一个人跟别人说过话后，所留给人的印象，只有百分之二十取决于谈话的内容，其余百分之八十则取决于沟通的风格。若你采取强势风格，即使有理，到最后还是不会给别人留下好印象。与其得理不饶人，不如得饶人处且饶人，接纳对方，再去试图转化对方的思考，才是上策。

■ 二、协调能力

协调能力，是化解矛盾的能力，是聚分力为合力的能力，是变消极因素为积极因素的能力，是动员员工、组织员工、充分调动员工积极性的能力。

虽然协调能力更多地被归于领导者、管理者身上，但企事业员工经常需要向员工传达领导的指示、精神，通知宣告领导的决策、任务、指派等，所以具备一定的组织协调能力，无疑是有益于工作的。

（一）培养坚强的意志

不被困难吓倒，不让失败和挫折压垮。

（二）明确追求的目标

目标明确，能增强一个人的自信，并能积极排除干扰和克服心理障碍。

（三）提高知觉的能力

这是提高人的观察能力、获取信息和加工信息能力的主要通道。

（四）积累丰富的经验

经验可有效地引导人们处理好日常工作，并提高人的决策判断能力。

（五）提高记忆能力

记忆力是提高领导者管理及提取必要信息的基本能力。

（六）勇于挑起工作重担

重要的工作经验及对疑难问题的处理过程，可以锻炼、检验和表现一个人的组织才能。

（七）提高交际及沟通技巧

这可帮助一个人协调好各种人际关系，发挥组织的功能作用，调动员工的积极性，形成良好的群众基础和干群关系。

（八）养成良好的工作习惯

良好的工作习惯可以提高工作效率，节省时间，分清主次。

（九）培养广泛的兴趣

广泛的兴趣可扩大知识面，提高综合能力和统揽全局的能力。

（十）克服保守思想和惰性心理

克服保守思想和惰性心理可以增强人的活力，培养创新的能力。

（十一）学会宽容

宽容是获得友谊与支持，营造良好人际关系及管理环境的保障。

■ 三、公关能力

公关能力是指有目的、有计划地为改善或维持某种公共关系状态而进行实践活动的能力。公关能力表现为一个人在社交场合的介入能力、适应能力、控制能力以及协调性等。良好的公关能力是现代社会生活中人的重要素质之一，更是职场人士必备的能力之一，企事业员工也不例外。

职场中人，无论身处何种岗位，每天都会面对很多形形色色的问题，如前台接到无理取闹的电话、秘书面对老板的过分要求、业务员遇到刁难的客户等。有时候除了自己业务上的事情要处理，还有部门内部或者公司内部问题要去面对等，稍有不慎，就会出现危机，轻则降级减薪，重则开除。所以，注意我们自身的公关，也是职场的一门必修课。

加强自身的职场公关能力，主要针对智商、情商和财商三个方面。

（一）智商公关

加强智商公关能力即加强自身的专业素养，提高自己的专业技术水平，以避免在处理实质的工作事务中出现不该犯的错误，同时可以让本职工作更出色地完成，也为未来的晋升打下坚实的硬件基础。

（二）情商公关

一个人的情商高低，在很大程度上决定了这个人以后的职业发展。当领导的尚且要明察秋毫，作为下属的平民百姓，就更应该学会察言观色。只有学会控制自己的情绪而又懂得设身处地为别人考虑的人，才能在职场上走得更远，而不至于被排斥。

（三）财商公关

有了前面两个商数做基础，晋级加薪就只是时间问题了，那么学会管理自己的财富也是很重要的。除了自身的人格魅力外，扩展人脉资源，提高生活质量，提升自身价值等，无一不与财富挂钩。学会理财，具备一定的经济基础，我们才能掌控更多的社会资源，为自身的发展所利用。

根据企事业员工的工作特点，提升公关能力，还必须有以下认识：

公关人员的职责是为单位的整体形象进行宣传，如展览会、洽谈会、展示会等会议的会务准备和布展，各种项目材料的申报等都属于公关人员的工作。

由于岗位职责的要求，公关人员往往代表着单位的形象。公关人员要与各行各业的人士打交道，所以要有一定的语言表达能力和与人沟通的技巧。公关人员还需对单位的历史、管理理念、产品状况、技术情况等有较深入的了解，以便随时能向各种人士正确地介绍单位的各项情况。公关人员还需要有良好的文字表达能力，在撰写单位宣传材料和项目申报材料时能发挥应有的作用。

公关工作不可能是一帆风顺的，这就要求公关人员能百折不挠，有"不达目的不罢休"的韧劲。公关人员在工作中，遇到的人千差万别，遇到的事千变万化，这就需要公关人员有自我控制能力和应变能力。

四、有关沟通的其他能力

企事业员工要加强自己的沟通能力，可逐步加强与沟通相关的各种能力，如观察能力、领悟能力、反应能力、适应能力等，这些能力都是沟通中不可缺少的方面，熟练掌握这些技巧对于沟通都是大有裨益的。

（一）观察能力

观察力是指大脑对事物的观察能力，如通过观察发现新奇的事物，在观察过程中对声音、气味、温度等有一个新的认识等。观察力的敏锐程度决定了一个人得到信息的多寡。也就是说，只有敏锐的观察力才能尽可能多地将信息掌握得更多更全。

运用自己掌握的知识，观察理解组织机构在生产经营中所发生的事情，敏锐地发现问题，迅速地抓住症结，并找出解决问题的办法，这是企事业员工良好观察能力的体现。

（二）领悟能力

领悟是对一个词、一句话、一件事情等有深入的、更高层次的理解。通俗一点说，领悟，就是一种悟性。悟性关键在于是否去悟，如何悟。悟性高的人通常都是将自己的体会和感受融合其中，获得属于自己的东西。

企事业员工从事的是服务性工作，很多工作是与人打交道。大多数任务都是需要口头布置的，而且每个人的表达能力和表达方式不同，如果单纯地就事论事、按部就班地工作，有时会出现一些差错。这些差错的出现可能在于双方理解的不同，因此，企事业员工在工作中要有较强的领悟能力，要去领悟做事的方法和技巧，领会工作的目的和要求等。

（三）反应能力

反应能力是当代人应当具有的基本能力之一。在当今社会，我们每个人每天都要面对比过去成倍增长的信息，如何迅速地分析这些信息是人们把握时代脉搏、跟上时代潮流的关键。它需要我们具有良好的应变能力。

企事业员工应具有较快的反应能力，这是由其工作性质所决定的。具体体现如下：

（1）办公事务繁杂、琐碎，企事业员工一接到工作就要立即采取措施，否则容易遗忘工作。

（2）多数办公事务有明确的时间要求，为了不影响整体工作进度，企事业员工在工作中也应体现时限要求。

（3）在办公事务中，常常是需要多事并行处理的，这也需要企事业员工具有较强的反应能力，避免使工作延误。

（四）适应能力

适应能力是一个人主体与客观的连接能力，它不仅表现为观察力，也表现为意志力和承受力。正因为适应能力对一个人的为人处世和生活状况有重要影响，因而熟悉、了解自己心理适应能力的强弱，就显得异常重要。

企事业员工是企事业的"窗口"，需要处理纷繁庞杂的事务，接触各种不同类型的客户，面对各种突发情况。因此，企事业员工要具备适应各种工作环境的能力，了解不同类型人员的思维方式、语言习惯、相互关系等，做好服务工作。

企事业员工从事的是一种综合性的工作，虽然看起来都是一些无关紧要的小事，但这些事情涵盖了方方面面的内容，要想把每件事都做好并不容易，它需要文员具备多方面的能力。企事业员工也应当严格要求自己，多做、多学、多练，这样才能在把工作做好的同时快速提升自己。

第三节　心理素质的培养

■ 一、企事业员工做事要用心

众所周知，无论做什么事都要用心，这是成功的前提和基础。有一个禅宗故事，便清楚解释了何为真正的"用心"。

用心做事，不是努力地去做事，而是用自己的真心、诚心、良心去做事。很多人都会发现，现代企事业中，总有一些人做事不用心，对工作能敷衍就敷衍、能应付就应付、能逃避就逃避。"粗心、懒散、草率"等字眼，是他们工作的主要表现。以这样的态度去工作，其结果可想而知。

做事不用心，是职场人士的大忌，更是职场企事业员工的大忌。企事业员工事务繁杂，稍不用心，就会起连带反应，一件事都做不好。

用心工作，最大的受益者是自己；敷衍工作，最大的受害者也必定是自己。大部分人总是渴望自己得到提升，得到加薪，但在工作中却依旧抱着为老板打工，敷衍、马虎的工作态度，并不知道职位的晋升是建立在忠实履行日常工作，用心做好每一件事的基础上的。只有尽职尽责、用心做好眼前的工作，才能获得价值的提升。

■ 二、企事业员工做事要细心

细心是一种素质、一种修养、一种习惯。一个人无论从事什么职业，都要细心严谨，因为细节决定成败。生活中很多看起来十分重要的事情，其成败结局往往都取决于毫不起眼的细心之处。

细心是一种态度，是职场"金"规则。人们往往从工作态度判断一个人的能力和信任度，这往往是用人与合作的基本要求。对企事业员工来说，细心更是不可或缺的。

（一）做事谨慎，保证工作不出差错

企事业员工刚开始工作时，一定要有一种如履薄冰的感觉，这样往往能使你避免麻痹大意，不会犯一些不该犯的过错，否则，会给自己造成被动，为自己的顺利发展设置障碍。

上司刚开始交给你的工作往往很简单，但你也不要放松警惕，否则很容易因为粗心犯一些低级错误，这虽然不会掩盖你专项才能的光芒，但却会让上司产生不信任的心理，不放心把一些重要的工作交给你做。而在一个公司里，不能经常获得做重要工作的机会，是很难大有作为的。

如果你获得了做一项重要工作的机会，一定要细心去做，甚至要绷紧全身的神经，保证不出任何差错。你要充分利用这一次机会，展现自己的才能，给老板留下良好的印象，为自己在公司的发展开创良好的局面。

（二）认真做好每一项工作

如果你不甘于普通的文员工作，满心渴望做一些重要的工作来展现自己，可上司却安排你做一些鸡毛蒜皮的工作，如查阅资料、整理档案等。这时你如果错误地认为即使做好了，也不会给人留下深刻的印象，就敷衍了事，得过且过，这样虽然不会犯什么大错，但你表现出来的工作态度却会让你的形象大打折扣。

（三）做事不要急于求成

很多职场文员做事有急功近利的毛病，最突出的表现就是求快，急于完成任务，向上司炫耀自己的能力。但这样做，往往使你疏于细心，不能很好地完善工作的每个环节和细节，在工作中留下"硬伤"，甚至是很明显的失误。老板考核工作的标准是做好，而不是做快。犯下不该犯的错误后，你不仅得不到预期的赞扬，反而会给老板留下做事粗心、急躁的印象。

在保证工作质量的基础上提高工作效率，是每个职场人士追求的目标，但对企事业员工来说，还是冷静下来，细心把工作做好为妙。效率不是很高，这往往不是什么大毛病，但是经常出错，就会给上司留下不好的印象了。

■ 三、企事业员工做事要有耐心

职场中，每个人都必须对工作保持足够的耐心。没有人能够一步登天，眼高手低，好高骛远，自认为自己的能力很强，不屑于干那种琐碎的小事，这种想法会阻碍一个人的前进。凡事都需要一点一滴做起，如果缺少了这份积累和耕耘，一切都只能是空想。

企事业员工一定要明白，工作中没有小事，不要看不起平凡的工作，其实平凡中孕育着伟大的种子。大事是由众多的小事积累而成的。

我们不得不正视这样一个现实，当今社会，信息的轰炸，各种欲望与成功的诱惑，让现代人目不暇接，很多人认为，人生苦短，没有时间去等待。于是，烦躁的心态、急功近利的想法常常让现代人焦虑不安。

■ 四、企事业员工要加强心理素质

文员的心理素质，主要是指适应文员职业所必须具备的心理特征，包括文员职业对文员个性心理的要求，它是文员个人素养的重要组成部分。文员心理素质如何，直接关系到文员工作的质量和效率。

善于控制自己的情绪是文员性格成熟的标志，只有懂得控制自己情绪的文员才能胜任这份工作。毕竟，文员所面对的多是上司、客户等，即便有一句话说得不好，工作也会受到影响。这也就意味着文员必须控制好自己的情绪，在受到委屈或者误解的时候，始终能以积极的心态来面对工作，这样才能从错综复杂的现象中找出问题的真正本质，做出迅速、准确、合理的判断，并且采取有效应对或处理的最佳方案。

此外，企事业员工还要保持健康的心理状态，调节情绪使之正常，调节行为使之协调，消除心理障碍，使工作专注。

（一）改变自己情绪的技巧

暗示自己。每天多提醒自己，把心情放平和一点儿，千万不要急躁，尽量使得自己的心情平静，保持心平气和。情绪稍有浮躁时，便可用这种暗示和自我鼓励来调节自己的心情，久而久之就会成为一种习惯。

生活中形成规律。最好让自己的生活井井有条，让自己的生活充满规律。因为生活有了规律之后，每天你都知道自己要做什么，也知道自己该做什么，这样心情自然就会平静安然，而这种好心情最终也会帮助你以平静的心态去应付每天的生活和工作。

多运动。实践证明，运动是能让自己的心情保持愉快轻松的一种很好的方法，因为运动能使人把身体里多余的精力释放出来，而这些多余的精力经常会堵住人们的情绪排放，最终导致情绪失控。而运动正是最好的情绪释放方式，在流出汗液的时候，那些不好的情绪也就随之宣泄出去。

回归自然。一般人都会有这种感觉，当我们去爬山或去森林中漫步时，会不自觉地将自己的身心投入大自然之中，专心聆听大自然的声音，去呼吸清新的空气，这时我们会发现所有的烦恼都随风而逝，原本郁闷的心情也会顿时烟消云散。这时你会在回归自然的过程中找到真实的自我。

（二）在自己工作中"种"快乐的小技巧

改变环境。如果说快乐像一朵美丽的花，那么一个人生活的环境就如同花朵生存的泥土一样，需要人经常去收拾打理，美化自己的生活环境，使之保持干净清新，这是永远拥有好心情的必要条件。

调节心灵。要想拥有好心情，必须有一颗善于体察快乐的心灵，因为健康善良的心灵才能让我们感受和体验到外界的种种快乐。

培养兴趣。兴趣永远都是快乐的源泉，特别是在一个人心情不好的时候，它会让你沉浸在兴趣中而忘记了所有烦恼。

保持品德。"百行德为先"，一个人如果没有好的品德，不管做多大的努力还是不能拥有快乐。只有保持高尚的道德境界，才能身正不怕影子歪，也才能得到别人的尊重，同时也让自己快乐。

结交朋友。如果说你的人生没有朋友，那么这个世界对你来说肯定也不会有快乐。朋友是快乐的养料，有了朋友，你的烦恼就会只剩下一半，而你的快乐却会加倍。

第六章　办公室公共关系及应急管理

第一节　办公室公共关系管理

一、公共关系的含义和要素

（一）公共关系的含义

（1）公共关系在本质上是一个组织借助传播手段开展的一种管理活动。

（2）公共关系的任务是协调一个组织和它的各类公众之间的关系。

（3）公共关系的职能是在收集信息的基础上，评估一个组织实施的政策和行为在公众中产生的影响，进而提出公共关系活动的具体目标和计划，通过传播沟通的实践活动将其目标和计划付诸实施，最后通过收集反馈信息，对下一步行动进行设计。

（4）公共关系的目标是为组织树立良好的形象，获得内外公众的信任与支持，创造最佳的社会环境。

（5）公共关系的基本精神是诚实、开放、互惠互利。公共关系是组织在经营管理中运用信息传播沟通媒介，促进组织与相关公众之间的双向了解、理解、信任与合作，为组织机构树立良好的公众形象的管理活动。

（二）公共关系的要素

由于人们总是站在特定角度来分析社会组织在其运行过程中所面临的各种关系，从而形成不同对象型公共关系，如员工关系、消费者关系、媒体关系、政府关系、社区关系、股东关系、竞争者关系等。不同的社会组织，由于类型、性质和业务特点各不相同，其公共关系又具有不同的内容和方式，这样就形成不同主体型的公共关系，如企事业公共关系、商业服务业公共关系、政府公共关系等。但是无论哪一种类型的公共关系，其要素都是不变的——社会组织、公众和传播，构成了公共关系的三要素。

1．公共关系的主体——社会组织

公共关系的主体是社会组织。所谓组织，是一个与个体相对的概念，是指人们有计划、有目的、有体系地建立起来的一种社会机构。这个机构有领导，有目标，有一整套制度，成员之间有明确的分工和职责范围。一个正式的组织通常具有目的性、整体性、相关性和动态性等基本特征。

由于组织的属性非常复杂，因而对组织进行分类也是个非常复杂的问题。在公共关系研究中，人们划分组织类型，主要是为了更好地把握公共关系的行为方式和公众类型。因此，社会组织可大致分为四大类：竞争性的营利性组织、竞争性的非营利性组织、独占性的非营利性组织和独占性的营利性组织。

从现代公共关系活动的一般规律来看，公共关系与营利性的商业活动和竞争性的社会活动联系比较密切。竞争性的营利性组织为了自身的经济利益，为了在市场竞争中争取顾客，一般都有比较自觉的公共关系行为，以主动争取公众的支持，树立良好的组织形象。正因如此，其公共关系行为的营利性质也往往比较明显。竞争性的非营利性组织虽然没有营利动机，但由于需要在竞争中赢得舆论的支持和公众的理解，因此也十分重视公共关系。相较之下，独占性的非营利性组织则由于缺乏自身利益的驱动和竞争的压力，往往容易忽略甚至脱离自己的公众，其公共关系意识一般比较薄弱。至于独占性的营利性组织，由于其对产品或服务具有独占性（垄断性），即便声誉欠佳亦有可盈利的机会；同时，由于管理机制等方面的原因，往往不太注意公众的信息反馈，因此也容易产生违背公众利益的行为，以至于陷入舆论的压力之中。

2．公共关系的客体——公众

公共关系的客体是指公共关系的工作对象，即社会组织内外部的有关公众。公共关系的公众是一个特定概念，指与特定的公共关系主体相互联系、相互作用的个体、群体或组织的总和，是公共关系传播沟通对象的总称。因此，从这个角度说，公共关系就是组织与公众的关系。

任何组织都有其特定公众，而公共关系便是组织主动与公众建立联系和维护良好关系的过程。但这并不意味着作为客体和对象的公众是完全被动、任意受摆布的。公众随时都可以表达自己的意志和要求，主动对公共关系主体的政策和行为做出反应，从而对公共关系主体形成舆论压力和外部动力。公众还有一个有效的权利——"用脚投票"。

当公众因为不满意而使用这一权利时，他们可能不会当面抗议，也不会大吵大闹，但他们会不再光顾某一商店、某一银行、某一饭店、某一旅游景点。因此，组织在计划和实施自己的公共关系工作时必须认清自己面对的工作对象，分析研究自己的工作对象，并根据工作对象的特点及变化趋势去制定和调整公共关系政策和行动。

3．公共关系的手段——传播

在公共关系中，传播是社会组织利用各种媒介手段，将自身的信息或观点有计划地与公众进行交流的沟通活动。传播是一个完整的行动过程，同时也是一种信息的分享活动。传播的目的是通过双向的交流和沟通，促进公共关系的主体和客体（组织和公众）之间的了解、共识、好感和合作。传播的手段主要有人际传播、组织传播和大众传播等形式。

■ 二、公共关系的特征

公共关系相较于其他关系而言，具有明显的特征。这种特征集中表现在以下六个方面：

（一）以社会组织为主体

在一般社会关系中，关系的双方均为主体，而公共关系则不然，在公共关系中只有一方为主体（社会组织）。社会组织在与公众的关系中处于主导地位，社会组织与公众关系良好与否取决于社会组织，公众处于被影响的地位。就其关系形式而言，公共关系是社会组织与公众之间的关系；就其行为而言，公共关系是社会组织的行为，它是一种组织的活动、组织的职能，而不是个人行为。

（二）以塑造良好形象、营造和谐氛围为目标

在公众中塑造、建立和维护组织的良好形象是公共关系活动的根本目的，而这种形象既与组织的总体形象有关，也与公众的状态和变化趋势直接相连。这就要求组织必须有合理的经营决策机制、正确的经营理念和创新精神，并根据公众、社会的需要及其变化，及时调整和修正自己的行为，不断地改进产

品和服务，以便在公众面前树立良好的形象。可以说，良好的形象是组织最大的财富，是组织生存和发展的出发点和归宿，社会组织的一切工作都是为了特定的公众而展开的，失去了社会公众的支持和理解，组织也就没有存在的必要了。

（三）以真诚合作为信条

追求真实是现代公共关系工作的基本原则，在人际交往中，真诚能获得他人的信任，同样，社会组织要想获得公众的信任，也要真诚地对待公众。事实也证明，一个企事业、一个组织要获得良好的声誉，不是依靠向公众封锁消息或者以欺骗来愚弄公众，而是必须把真实情况披露于世，把与公众利益相关的所有情况都告诉公众，以此来争取公众对组织的信任。真诚是公共关系的生命所在，是建立友好关系的保证。认识公共关系以真诚为信条这一特征，有利于消除人们对公共关系的误解，即认为公共关系就是阿谀奉承、弄虚作假、哄骗公众的把戏。

（四）以互惠互利为原则

在现代社会中，个人或团体为了生存和发展，就必须同另一些个体或团体建立和维持某种关系。社会组织作为公共关系的主体，总是生活在社会公众之中，这些公众一方面满足了主体的需要，另一方面也从主体那里获得了自身的利益。利益从来都是相互的，从来没有一厢情愿的利益。人际交往中，人们常说与人方便就是与己方便，而对社会组织而言，只有在互惠互利的情况下，才能真正实现自身利益的最大化。组织的公共关系工作之所以有成效、有必要，恰恰在于它能协调双方的利益，通过公共关系，可以实现双方利益的最大化，这也是具备公共关系意识的组织和不具备公共关系意识的组织的最大区别。

（五）以着眼于长远打算为方针

以着眼于长远打算为方针包含三层意思：

（1）公共关系不是短期行为。公共关系的根本任务是为社会组织树立良好的形象。

（2）公共关系是一项系统工程。社会组织要想得到公众的认同与支持不是一朝一夕就能办到的，要靠公共关系的工作手段，利用和创造各种机会争取公众的了解与认识，这是一项系统工程，应着眼于社会组织的长远利益。

（3）"投入"与"产出"不同步。所谓的不同步是指投入后不一定很快获得产出，而是要滞后一段时间，甚至是更长的时间。

（六）以双向沟通为手段

在现代社会中，社会组织与公众打交道，实际上是通过信息双向交流和沟通来实现的。正是通过这种双向交流和信息共享的过程，才形成了组织与公众之间的共同利益和互动关系。这是公共关系区别于法律、道德和制度等意识形态的地方。在这里，组织和公众之间可以进行平等自愿的、充分的信息交流和反馈，没有任何强制力量，双方都可畅所欲言，因而能最大限度地降低副作用。

由于公共关系活动过程的三个基本要素是"社会组织""传播""公众"，任何公共关系活动都是由这三个要素构成的，可见公共关系本质上就是组织机构与相关公众之间的双向传播与沟通。"双向传播与沟通"是贯穿整个公共关系的一条基线，是现代公共关系理论的精髓，是公共关系的本质属性。

■ 三、公共关系管理的内容

不同类型的公共关系活动，公共关系管理的内容有所不同。笼统地说，公共关系管理的内容可以分为三个方面：常规活动、提升活动和危机管理。

（一）常规活动

公共关系管理的常规活动，包括以下三个方面：

1. 搜集监测

公共关系的搜集监测职能是指公共关系通过广泛搜集、整理和分析有关组织生存发展的信息，了解组织的现状，预测组织发展的未来趋势，帮助组织及时调整自己的政策和行为，使之与变化的社会环境保持动态平衡。

2. 咨询决策

公共关系的咨询决策职能是指公共关系在组织经营管理决策过程中，发挥着咨询、建议、参谋的作用，协助决策者分析复杂的社会因素，平衡复杂的社会关系，从社会公众和整体环境角度评价决策的社会影响和社会后果，使决策目标能够反映公众的利益，使决策方案具备一定的社会适应力和社会应变力，使决策实施的效果有利于树立组织的良好形象。

3．传播沟通

公共关系的传播沟通是公共关系众多职能中最为重要的职能之一。在常规状态下，传播沟通的主要任务是建立起有效的信息渠道，让公众知道并正确地了解组织，为组织和公众之间架设一条没有障碍的通路。通过建立良好的公共关系传播沟通机制，增强组织与公众之间的相互了解，避免与公众产生纠纷。

（二）提升活动

提升活动旨在提升组织机构与特定的社会公众之间的公共关系，主要包括以下三个方面：

1．关系协调

公共关系的关系协调职能是指改善社会组织和内外部公众之间的社会联系状态，使组织与公众之间的关系向着密切、和谐、融洽和平衡的状态转化，从而形成有助于组织生存发展的内部生命系统和外部生态环境。提升活动阶段表现在尽量避免各种来自内外部摩擦的产生，同时通过有效的预警机制，及时地防止矛盾扩大。

2．教育引导

提升活动阶段的组织，不但不会触碰道德底线，甚至会高于社会普遍水准，这就形成了教育引导的功能。不管是积极投身于赈灾，或是参与公益事业，或是提倡环保，作为具有影响力的组织，在形成自身良好形象的同时，无形中也为整个社会的和谐发展起到了教育引导和身体力行的双重作用。

3．传播沟通

提升活动阶段，组织通过传播沟通得以强化舆论，扩大影响，即运用各种现代媒介加深公众对组织的印象，深化公众对组织的了解，提高组织的社会知名度和美誉度，为组织及其产品推广形象，扩大影响。

（三）危机管理

危机作为一种非常态的情况，在公共关系管理中，经常有可能遇到。对于社会组织而言，危机处理不好，就会造成灾难性后果；危机处理得当，就会转危为机。

1．危机处理

组织在运行过程中，难免会有因自身的过失、错误而与公众发生冲突的时候。冲突一旦发生，必然导致相关公众对组织的不满，使组织处于一个充满敌意和冷漠的舆论环境。如果对这种状况缺乏正确的认识，对问题处理不当，就会产生公共关系纠纷，导致严重的公共信任危机，对组织、公众、社会都会带来极大的危害。而公共关系的危机处理，就是为了抵御和应对这些情况的发生。

2．关系协调

危机管理阶段的关系协调职能具有非常明确的指向性。对外，针对危机事件涉及的外部利益，相关者要进行行之有效的积极善后，同时尽可能协调他们与组织及彼此之间的关系，尽可能修补已造成损伤的关系，同时避免可能造成新的不良后果。对内，尽量通过有效的关系协调实现创伤平复及信任重建的使命。

3．传播沟通

危机管理阶段的传播沟通难度最大，而且常常是在被动状态下的被迫应对。在新传播时代的危机状态下，组织和公众之间的信息差极度缩小，因此传播沟通必须建立全新思维，即全面传播、真诚沟通。组织不要试图隐瞒或打压、传播不实之词，扰乱视听，而是要抢在众多信息源爆发之前告知真相，真正起到传播沟通的作用。

■ 四、公共关系管理的类别

公共关系管理过程是一个组织与公众之间，即主体与客体之间的信息双向传播与沟通的复杂的控制过程。由于主体身份的不同和客体对象的不同，公共关系管理可以划分为不同的类型。

（一）主体和部门关系管理

在公共关系活动中，真正起主导作用或扮演主角的是各个具体组织和部门，而公众则是其工作活动的客体或对象。由于主体和部门间各有差异，故各自的公共关系工作有不同的内容和方式。

1．企事业的公共关系管理

企事业的公共关系管理，就是以各种营利性组织为主体，以协调与之相关的社会公众关系为目的所进行的计划、组织、控制、调节等活动。具体包括企事业的公共关系管理，商业、服务业的公共关系管理和金融业的公共关系管理等。

（1）企事业的公共关系管理

这种主体性公共关系管理活动的核心是建立本企事业组织的良好形象和声誉，这点具有共性，与其他关系管理并无二致。但从企事业的特点出发，其公共关系管理的具体工作目标，主要是有针对性地在自己的目标公众中塑造自己的良好形象，并把这项工作渗透到企事业的日常生产、经营和管理活动之中，以自己的核心竞争力以及独具个性的产品形象和服务形象去赢得公众的信任和支持。

（2）商业、服务业的公共关系管理

商业与服务业两者也是有区别的，前者以提供物质商品来满足顾客需要，后者以提供劳力或技艺服务来满足顾客需要，但两者又有共性，它们都是通过工作人员与顾客的直接接触来开展经营活动的，故两者可归为一类。根据两者的工作特点，其公共关系管理的主要任务有四点：一是确立优质服务、顾客至上的原则；二是找准自己的优势，突出自己的特色；三是善于抓住有利时机开展宣传攻势；四是敏锐捕捉市场信息，培育稳定的消费群体。

（3）金融业的公共关系管理

金融业，即经营货币资金融通的行业，具体包括与货币的发行、流通、回笼业务有关的银行及其业务性质关系密切的证券公司、信托投资公司、信用社等。金融业性质的特殊性，使其关系管理也呈现出不同于一般企事业的特点。金融业公共关系管理的立足点应该更高，它不仅应在吸储社会游资、发放社会贷款、参与社会投资等方面发挥自身的独特作用，而且还应将展示自己的实力和突出自己的服务特色以及良好的信誉作为塑造形象的重点，以赢得广泛的社会公众的认可与信任。

2. 政府的公共关系管理

这里所说的政府，是指广义的政府，包括立法、司法、监察和行政机构以及代表国家实行宏观管理的各级权力机构，在我国还包括执政党的各级组织机构。政府的公共关系管理就是指以政府为主体，对在行使职权过程中与相关公众发生的公共关系及其活动进行的管理。政府的公共关系管理主要内容是：一是要体现"公众利益第一"的理念；二是要有效地收集、处理、存储、传播有关公众的信息，为社会各界提供广阔而便捷的信息交流平台；三是要努力实现政府工作的公开化、透明化，增强公众对政府的了解与信任，减少社会对政府的误解，塑造政府的良好形象；四是要尽可能争取公众对政府工作的合作与支持，尽量消除政府行为实施过程中的障碍。

3．事业、团体组织的公共关系管理

事业组织是指为适应社会需要而由国家或其他组织提供资金设立的非营利性专门性机构，如学校、博物馆、图书馆等。团体组织是指具有共同利益或背景的人们为实现某种社会理想而自愿结合形成的非营利性组织，如专业学术团体、少数民族团体、宗教团体、残疾人团体、妇女团体等。这些机构在"非营利性"上是一致的，有的人称之为非营利性组织公共关系。

事业、团体组织由于本身的特点，其公共关系管理目标除了具有一般公共关系管理的共性任务之外，它还有自己的特色和不同层次：一是确立一种高于一般社会认知水平和道德水准的价值目标，并以此为根据对组织形象进行定位；二是在社会舆论中，争取广泛的了解、认同和支持，保持和发挥自身的独特优势；三是积极参与或组织各种公益性、高品位的社会活动；四是主动开展社会交往，寻求更多的参与和投入。

4．社会性个人的公共关系管理

社会性个人也称公众人物，他们与一般个人的主要不同点在于他们有较高的社会知名度，是广受公众关注的人物。由于这类人物的社会身份特殊，社会声誉很高，社会影响较大，他们的一言一行、一举一动往往很受媒体及公众的关注，因此公众对他们的期望也就比一般人要高。公众不仅希望他们在所属职业领域中表现优异、出类拔萃，而且对他们的为人处世也会提出更高的要求。从社会性个人本身出发，为了促进他们的事业进一步发展，为了更大范围扩大与更长久地延续他们的知名度，他们也有必要且有目的地去争取更多的公众和舆论的支持。与其他主体性公共关系管理相比，社会性个人具有特殊性。具体来说，社会性个人的公共关系管理，主要应注意以下几点：一是在允许的条件下，要多参与社会公益活动；二是严格要求自己、不断提升自身素质和社交修养，时时注意维护自己的形象；三是要善于与媒体打交道，处理好与媒体之间的关系。

（二）对象型公共关系管理

对象型公共关系管理是指按公众的类别而划分的公共关系管理活动。一般来说，有多少类公众就有多少种对象型公共关系管理，但由于各类公众对象间往往有较多相似的成分，故从大处着眼，可以将对象型公共关系管理划分为以下几类：

1．员工关系管理

员工关系管理是指对在组织内部管理过程中形成的人事关系的管理。员工是组织的细胞，组织的目标只有通过他们的分工协作、各尽其责才能实现。另外，每个员工对外都直接代表着组织的形象，无论是从事外部事务工作的，还是承担内部分工任务的，皆不例外。员工关系管理可以说是对象型公共关系管理中最基本、最重要的一类。

2．顾客关系管理

顾客关系管理即对组织与本组织产品或服务的购买者、消费者之间的关系进行的管理，比如企事业的用户、酒店的客人、电影院的观众、报社的读者等，其中包括个人消费者和社会组织用户。顾客关系管理的主要内容：一是切实树立"消费者是上帝"的观念；二是努力提高组织及其相关因素，即产品（服务）、人员等的知名度和美誉度；三是为消费者创造最方便、最舒适、最可信赖的消费方式和条件；四是加强与顾客的沟通，培育忠诚的消费群体。

3．媒介关系管理

媒介关系也称作新闻界关系，即社会组织与新闻传播机构（包括报社、杂志社、广播电台和电视台）以及新闻界人士（记者、编辑等）的关系。新闻界公众是关系管理工作对象中最敏感、最重要的一部分。媒介关系管理的主要内容：一是明确媒介公众身份的双重性；二是努力争取新闻界对本组织的了解、理解和支持，以便形成对本组织有利的舆论与气氛；三是通过新闻界实现与广大公众的沟通，密切组织与社会公众之间的关系；四是善于与新闻界人士交朋友。

4．政府关系管理

与前面所说的作为公共关系主体的政府不同，这里所指的政府是公共关系对象。这里的政府关系管理是指社会组织与政府之间的沟通关系，其对象包括政府的各级官员、各职能部门的工作人员。政府关系是任何组织的对象型公共关系中最具社会权威性的一种关系。政府关系管理的主要内容：一是要在政府公众面前树立一个遵纪守法、积极承担社会责任的组织形象；二是作为营利性组织，要做到守法经营、依法纳税，主动介入和参与社会公益事业；三是加强与政府的沟通，了解政府的重大方针政策和决策，自觉配合政府的重大举措；四是在法律允许的范围内，积极影响政府的运作，争取对组织有利的法律环境、政策环境和体制环境。

5. 社区关系管理

社区关系是指本组织所在地的区域公众关系，包括地方政府机构、地方社团组织、社区内的其他组织以及社区居民等。社区在地理上与组织密不可分，是组织的生存空间和根基；社区公众与组织有着共同的生存环境，与组织的关系错综复杂。社区关系的最大特点在于关系双方都有一种"咱们感"。社区关系管理的主要内容：一是自觉地把组织看成社区中的一员，努力做一个"好邻居"；二是积极参与社区内的公益性活动，主动承担作为社区一员的责任和义务；三是在允许的情况下，让组织向社区公众开放，争取社区公众对组织的了解、理解和支持，为自己营造一个稳定的"后院"；四是把社区公众培养为组织向外传播有利于组织的信息的重要媒介。

6. 国际关系管理

国际关系管理是指以国际公众为对象的公共关系管理。国际公众主要指组织在国际性活动中面对的不同国度和不同文化背景的公众对象，包括对象国的政府、媒介、消费者、社团组织等。国际关系管理的主要内容：一是利用各种渠道，主动寻求目标公众对自己的了解；二是熟悉对象国的制度与法律、历史与文化、信仰与风俗、价值与信念，有针对性地开展传播活动；三是克服急功近利的心态，注重工作的长期性、持续性和稳定性。

此外，还有若干种对象型关系管理亦是生活中常见的，如股东关系、竞争关系、金融关系、商业关系等，在此不再展开论述。

第二节　办公室应急公关管理——对象型公关

■ 一、媒体关系

媒体关系是指组织与新闻媒介机构及其工作人员（记者、编辑等）的关系。在社会分工中，新闻媒介是专门从事社会公众信息传播的，一方面它是组织公共关系的工作对象；另一方面它又是组织与其他社会公众建立广泛而深刻的联系的桥梁和纽带。因此，新闻媒体关系很自然地在组织外部公共关系实务中占据很重要的地位。对于媒体关系，我们简单介绍三点内容：一是记者和公共关系人员的关系；二是与媒体合作的策略；三是如何开好新闻发布会。

（一）记者和公共关系人员的关系

记者和公共关系人员的关系是相互依存、相互依赖的。一方面，记者作为媒体的一员，关心的是新闻报道要准确、公正和平衡，他们将自己当作公众的眼睛和耳朵，监视各种公共机构，观察其如何处理公共事务；另一方面，公共关系人员希望新闻报道能形成一个持续的印象，并且有一种正面的影响。为此，他们必须协助记者工作，才能让自己的组织被报道。

从记者角度看，记者往往把公共关系人员看作利用媒体牟利的人。尽管记者不大愿意使用公共关系人员提供的信息，但出于经济的考虑，他们又不得不使用——因为这些消息不仅是免费的，还是无法通过其他途径获得的。事实也证明，公共关系人员对整个新闻报道的贡献率在40%～70%。在一定意义上，公共关系人员使记者的工作变得更加容易，使记者节省了时间和精力。在很大程度上，记者是信息处理器，负责处理公共关系人员初步收集的信息。当然，新闻机构与公共关系人员的目标是重叠的，两者都想为公众提供信息并影响公众，这个共同点构成了双方发布信息的合作基础。

尽管如何艺术而巧妙地准备媒体资料非常重要，但公共关系人员和记者之间建立的关系对成功的宣传也至关重要。公共关系人员花时间和精力与记者建立了良好关系的同时，记者也为公共关系人员的组织带来了正面的新闻报道。

优秀的公共关系活动是从良好的个人关系开始的。作为公共关系人员，一旦建立关系，就应该用心维护并好好珍惜。不要为了获得某种小照顾或刊登某一篇新闻动用这种关系，也不要期望记者总会按自己的意愿行事，更不要用不合适的礼物来玷污相互之间的关系，因为记者与其他专业人士一样，对任何利益冲突的出现都是很敏感的。

准确、诚实、开放和完整是赢得记者信任的基本要素，没有什么比扭曲事实能更快、更彻底地毁掉公共关系人员和记者的良好关系。公共关系人员与记者之间的信任一旦失去，就很难再获得了。为了维系与记者的良好关系，公共关系人员应该按一种职业的行为方式行事，努力实现预期要做到的事，如及时回复来电，注意截稿时间，不要祈求记者进行特别报道或去掉不利宣传。

（二）与媒体合作

1. 媒体关系研究和策划

作为公共关系人员，在了解了组织之后，公共关系人员必须研究将与之合作的特定媒体。进行媒体关系研究意味着了解即将要与之打交道的人及其兴趣所在，包括获知这些媒体下属的个人的兴趣和需求。

新闻宣传可以分为两类：自发的或策划的。一般而言，突发事件都能产生自发性新闻宣传，而策划性新闻宣传则是有意地吸引媒体对某一问题、事件或组织的注意，如组织的高层人事变动、新产品发布等具有新闻价值的事件，就应当进行相应的宣传策划。

大多数组织的新闻和宣传都是某个媒体计划的产物。媒体计划将描述组织需要应对的环境、指定任务和目标、确定关键受众，并指明关键信息和媒体渠道。公司信息经常被当作一种新闻宣传（以免费版面或时间的形式）报道关于某公司或个人的新闻。新闻宣传的吸引力在于其可信度，因为新闻宣传在新闻媒体上是以新闻事件而不是以广告的形式出现，它相当于获得了媒体编辑的第三方认可。

2. 媒体关系的建立形式

事件传播的方式能决定其影响力。接触平面媒体的方法是新闻稿、讨论（谈话、打电话、会面或采访）和新闻发布会。

（1）新闻稿。新闻稿是最普通的新闻宣传发布物。组织中发生的任何事件，只要有地区或全国的新闻价值就是一次新闻宣传的机会。有的新闻对组织并不利，但是即使在这种情况下也有必要发一份新闻稿，只要出问题了，消息迟早会传出去的。公共关系人员的责任就是确保对问题的报道是完整的，并且采取的补救行动也包含在报道中。新闻稿通常可采用商业新闻特写、消费者服务特写、财经特写、产品特写、图片特写、公共服务公告等形式。公共关系人员通常把新闻稿包装成一个媒体资料包，包括一些新闻宣传资料、事实清单、小册子、照片以及其他相关信息资料。制作任何媒体资料包都应该建立在这样一种认识基础之上，即大多数主要媒体不会使用新闻稿里的语句，而是会从中挑选一些信息然后重新写作，媒体资料包应当设计成被编辑挑选的有新闻价值的信息源。

（2）组织新闻发布会或媒体发布会。新闻发布会或媒体发布会是策划出来的向所有媒体同时发布新闻的机会，只有在要发布的新闻非常重要且需要通过互动才能促进对复杂的或有争议问题的理解时才能使用这种形式。组织应注意，不要轻易召开新闻发布会，除非事件非常具有新闻性或者是不能通过新闻稿或网站贴稿解决，或者有非常具有新闻价值的人可以采访。在召开新闻发布会前，组织必须仔细策划该活动，并让高管和其他人员做好接受采访的准备。

（三）新闻发布会

新闻发布会又称记者招待会，是指以某一社会组织的名义邀请新闻机构的有关记者参加，由专人宣布有关重要信息，并接受记者采访的具有传播性质的一种特殊会议。新闻发布会具有权威性强、针对性强、价值性较高、难度大、要求高、利于情感交流等特点，不仅可以公布本组织的一些重大新闻，还可以妥善解决一些棘手的问题，以达到澄清事实、说明原委、减少误会、求得谅解等效果。新闻发布会的主要流程如下：

1. 新闻发布会的筹备

（1）精心策划会议主题。新闻发布会要坚持"非必要，不举办"原则，如果确属需要召开的新闻发布会，则要精心策划会议主题。发布会的主题一般有以下几类：

1）组织的重大决策、新技术和新产品问世、庆典等重大活动。

2）组织面向社会的文化活动、经济交流、社会公益事业活动。

3）市场行情、消费趋势、价格波动等社会公众广泛关注的问题。

（2）选择和把握好会议时间及地点。新闻发布会时间的选择一定要适合记者，以免记者不能参加。要尽量避开节假日和有重大活动的日子（特殊情况除外，如国庆新闻发布会）。一般情况下，周末举行新闻发布会是不太适宜的。就具体时间而言，一天之内最好安排在上午10点和下午3点左右，会议时间控制在1小时左右为宜。

会议地点的选择，首先要考虑交通方便。其次，新闻发布会地点的选择还应考虑能否给记者创造各种方便采访的条件，如录像、拍摄的辅助灯光，照明设备、视听设备，适合记者使用的桌椅、电话机、传真机等。最后，会议环境要幽雅，大小适中，各项服务水准要高。总之，要符合交通便利、设施齐全、环境良好等原则。

（3）确定邀请的媒体对象。在选择媒体对象和与会记者时，要考虑以下因素：

1）新闻发布会的规模。

2）会议预算的费用。

3）新闻发布会将要影响的范围和区域。

4）对信息传播内容和速度的具体要求等。

（4）人员安排。新闻发布会能否成功举行，能否达到预期的效果，在很大程度上取决于会议主持人和主要发言人。新闻发布会的主要发言人原则上应安排社会组织的主要负责人，因为只有他们才能准确地、全面地回答有关本组织的方针、政策、经营、生产等重大问题。如果新闻发布会的目的是公布某项新成果、新技术、新产品，或是公布面临的重大突发事件，那么主要发言人除了主要负责人之外，还可安排分管这方面工作的部门负责人。

（5）资料准备。由于新闻发布会时间短，这就要求社会组织事先准备好提供给记者的各种材料，如企事业背景、会议要点、主要发言及报道提纲，有关证明材料的复印件，产品说明书及有关单位或公众的反映信件，以及能说明问题的数据、术语和有关的图片、录音带、录像带等。

（6）会务及其他准备工作。举办新闻发布会的日期和地址选定后，要提前几天把请柬送到应邀者手中，以便记者妥善安排时间，会议召开前一两天应询问落实记者出席的情况；安排足够的工作人员和招待人员，避免出现冷落与会记者的不愉快事情；准备好音响及辅助设备，给记者提供方便；安排好会议记录者、摄影者、录像者，做好会议记录工作，以备宣传、纪念之用；适当准备一些小纪念品、小礼品以加深友谊，必要时安排一些小型酒会、便餐或茶会，以加深彼此关系。

2．新闻发布会的过程

一般来说，新闻发布会的过程分为以下五个步骤：

（1）接待签到。在接待站设签到处，最好安排组织的一位主要人物出面迎宾，一方面表示出主人的礼貌和会议的郑重，另一方面也可以通过问候沟通感情。

（2）分发资料。在会议正式开始前，要将准备好的资料有礼貌地分发下去，以便记者对会议有一个大概的了解，同时使其在主持人发布信息时，对会议主题有进一步的认识和理解。

（3）会议开始。由主持人简要说明召开会议的目的、所要发布的消息和有关情况的介绍、说明；发言人就信息的内容作详细、生动的讲述。

（4）答记者问。即发言人回答记者提问。当发布会接近尾声时，主持人应提醒记者"下一个问题是最后一个问题了"。

（5）会议结束。会议结束时，组织的工作人员应站在门口，以笑脸相送，感谢对方的光临，为以后更好的合作打下良好的基础。

3．新闻发布会的后续工作

（1）总结归档工作。总结内容一般包括会议的组织人、主持人、发言人和记者的反映、接待服务工作的情况。要尽快整理出会议记录，并及时整理归档。

（2）收集记者发表的稿件。收集稿件之后，对照签到簿，统计各新闻单位关于会议的发稿情况，综合评价会议是否达到了预期目标，并作为今后邀请记者的依据。对已经发稿的记者，要电话致谢。

（3）密切注意公众的反应和评价。注意收集社会公众对新闻发布会的反应和评价。

（4）正确对待负面报道。对待不准确的或歪曲事实的报道，应及时采取措施或要求更正，必要时可采取法律手段。

二、员工关系

（一）员工是组织的资产而非成本

员工是组织的主体，是组织赖以生存和发展的细胞，他们的思想和情绪无时无刻不影响着组织机制的运行、组织的存在价值和发展目标，组织向社会提供的优质产品和服务，都要通过他们身体力行去实现。良好的雇员关系是组织凝聚的黏合剂。

员工是组织形象的设计师和创造人，是组织与外部公众接触的触角。他们每天工作在生产经营的第一线，他们的衣着、风貌、举止、言行，都是组织形象的体现和象征。良好的雇员关系有助于培养员工的主人翁责任感，使人人珍惜组织的信誉和形象，从根本上改善和提高组织的素质，使组织真正做到内求团结，外求发展。

由此可见，现代公共关系首先是促使组织把自身的工作做好，然后才是对外沟通传播。要把自身的工作做好，首先需要内部员工精诚团结，共同努力。因此，协调员工关系，培养员工的认同感和归属感，增强组织的向心力和凝聚力，就成为公共关系工作的起点。

（二）员工关系的主要工作

1. 加强双向沟通，实现信息共享

信息沟通是指信息在人与人之间、组织与组织之间，通过语言、文字、图形以及感情、态度等形式的传递。员工作为组织的一分子，如果对组织的情况不了解，特别是对与自己利益相关的信息知之甚少，便会产生猜疑、烦恼、对抗的心理和行为，从而造成人们之间的隔阂、争斗和内耗。实行信息共享，既是为了形成良好的人际关系，也是为了使得员工在认识上和行为上与组织的根本目标保持一致。

组织内部的信息沟通是多流向的，既有纵向信息传递、横向信息传递，又有立体交叉式信息传递。为了达到上下一心、同心协力的目的，组织应该充分利用各种传播形式，如组织的杂志、小报或通信、简报、墙报、广播等，向员工们介绍本组织的盈亏情况，领导层的人事变动，奖金、红利或福利政策，以求得到员工的理解和支持；介绍本组织在生产、技术、质量、销售等

方面的困难，竞争厂家的挑战与影响，以及外部对本组织的评价和反应，以求增加员工的危机感和紧迫感，增强员工的斗志和对本组织的忠诚；介绍组织领导和先进人物的工作业绩，以求增加员工对本组织的信心和光荣感；介绍企事业的新产品、新技术和新设备，以求培养员工在信息时代的激烈竞争中保持不败的信念。另外，还需要将员工的情绪、意见、牢骚、要求、流言或建议，及时归纳、整理，反映给领导层或有关部门，作为决策和工作的依据。

横向信息传递是指组织内部各部门、各层次之间的平行信息交流。横向信息交流可以沟通各部门之间的信息，拓宽管理人员的视野，支持彼此的工作。员工之间的交流，可以增进友情，团结合作；管理人员之间的交流，可以协调职能、互相支持；领导成员之间的交流，可以彼此体谅、贯彻政策。横向交流的方式很多，如郊游、联欢、体育活动、舞会等，都可以加强员工之间的情感交流。立体交叉式信息传递是指组织各界人员，不分上级和下属，都以群体一分子的平等身份进行交往。这是一种开放式的交往，它可以打破部门的界限、职务的隔阂，在组织中从上到下创造一种相互理解、相互信任的和谐气氛，使组织充满活力，富有朝气，从而达到"人和"的境界。

2. 建立企事业文化，增强组织内聚力

企事业文化，是指一个企事业组织及其员工所具有的一整套价值观念体系。它包括相互联系、相互依存的两个方面：一方面，是指员工的思想意识、精神风貌和价值观念；另一方面，是指决定企事业价值观念的各种具体活动，如福利活动和娱乐活动等。企事业文化是一种无形的管理方式，它可以使人们改变原来只从个人角度建立的思想意识，树立一种以企事业为中心的共同价值观念，从而在潜意识中对企事业产生一种强烈的向心力，培养良好的集体意识。具有强烈集体意识的企事业成员会对企事业所承担的社会职责和企事业目标有深刻的理解，从而自觉地约束个人行为，使自己的言行与企事业整体联系在一起，这样企事业的各项工作就能有机地联系起来，合力运转。可见，内聚功能是企事业文化最显著的一种功能，它把员工的意志和行为引向同一目标，并为这个目标而协同动作。同时，具有优秀企事业文化的企事业，向社会展示了它良好的管理机制、经营素质和企事业风貌，无形之中向市场提供了可以信赖的信息，这就使企事业塑造了良好的整体形象，树立了良好的市场信誉。

因此，必须注重企事业文化的建设，通过明确的经营宗旨、深层次的意识行为准则、公开的或悄悄的暗示，渗透人们的心理，聚集人们的先进意识，取得人们的共识，指导人们的行为，充分发挥其凝聚人心、塑造形象的特殊功能。

3．掌握用人之道，增强组织的向心力

组织的员工生活在复杂的社会机体中，除了要求满足经济方面的需求外，还受到社会环境、社会组织和家庭的影响，追求友谊和爱情，要求生活得充实、愉快，渴望实现自我价值和受人尊重，因此，在卓越的中外企事业中，都非常注重满足员工的精神需求。

聚力必聚心，聚心必先尊重人，搞好雇员关系，必须从确立个体价值入手，使团体中的每个成员都能在团体的环境中充分展示自己的个性，追求和实现个人的价值。这样才能加强每一个成员的向心力，通过许许多多的个体活动，去追求和实现组织的整体目标。

4．创造"和谐氛围"，协调引导非正式组织

在组织中一般存在着一些非正式组织，如同乡会、同学会、兴趣团体等。非正式组织是一些自由、松散的人际活动圈子，是以感情为纽带，以共同利益的追求为目的而自发聚合形成的组织。因此，比起自上而下正规化的组织系统，其联系交往更亲密、更有效、更富于弹性。非正式组织在组织管理和公关工作中一方面具有积极作用，可以发挥沟通意见、稳定情绪、互帮互学的效应；另一方面也有不可忽视的副作用，容易传播流言蜚语，带来"哥们儿义气"，削弱正式团体的控制力与影响力。因此，要发挥非正式组织积极的作用，避免消极的影响，就要靠公关人员的引导、协调和疏通。

（1）要重视"舆论领袖"的作用，因为"舆论领袖"在非正式组织中有号召力和影响力，他们的言谈往往会获得他人的尊重和信任。因此，要利用他们的威信引导这些团体，使他们的行为趋向与组织保持协调和一致，成为正式组织的有效补充。

（2）要避免非正式组织的消极作用和破坏作用，就必须加强同非正式组织成员的感情联系，和他们交朋友，使他们信服，而不是被压服。压制只能使他

们产生对立情绪，甚至转化为对抗关系。只有利用情感交流和信息沟通，才能形成良好的工作情绪和气氛，形成和睦的人际关系。

（3）要注意防止组织内部小道消息的蔓延，因为小道消息的传播会对正式组织的信息传播造成干扰和破坏，从而影响组织的统一和一致。

■ 三、消费者关系

组织中的公共关系人员与消费者之间的关系是一种自然的关系，因为消费者原本就是组织必须面对的一类公众。因此，任何组织中的公关部与市场营销部都应该相互扶持。公共关系的功能涉及基本的产品促销，因而公共关系在组织的整体营销计划中的贡献不容忽视。公共关系对整体营销组合的支持包括产品设计、分销、传播及定价等，可以极大增强营销战略的有效性。

伴随着消费者受教育程度逐渐提高，他们对企事业及产品、服务方面的信息以及期望值也在增加，因此，消费者特征发生了以下变化：一是更加重视产品的性能、质量及安全性；二是维护自身权益的意识增强；三是随着自媒体的普及，消费者能够方便地应用多渠道维护自身权益；四是拥有更多自尊；五是更希望被当作个体对待，个性化特点突出；六是对商业组织的要求不像以前那么宽容。这也就决定了，我们必须更多采用公共关系管理的方法和技巧。

（一）塑造为顾客服务的形象

当今世界上经营卓著的组织，无论它们从事的是机械制造业，还是高技术工业，或者是生产汉堡包的食品业和迪士尼游乐园那样的娱乐场所，都以"服务业"自居，努力塑造为公众提供优质服务的形象，以争取社会各界的信任和支持。

（二）提供优质的配套服务

在现代人的消费心理中，产品本身的使用价值固然重要，但产品所体现的审美价值和附加价值将是左右其购买行为的最后选择。顾客购买"产品"，实质上是在购买他从"产品"中期望得到的一系列利益和满足。如果企事业只注重提供有形的物质产品本身，而忽视精美的包装、真实通达的广告、广泛耐心的咨询、迅速完备的维修等多种服务，那么，它所提供的产品就不是完整的产品，而是残缺的产品。这样的企事业对顾客和社会不负责任，在未来的竞争中，必定会失去顾客的信赖，最后陷入生存危机。因此，良好的消费者关系在于把对顾客的诚意贯穿在售前和售后服务的整个运营链条中。

（三）对消费者实行科学管理

对消费者实行科学管理，即把广大而又松散的消费者组织起来，使他们改变盲目被动的消费习惯，形成积极的、自觉的、科学的消费意识，使他们成为企事业产品的主要消费者。这种方法也被称作消费者系列化。这是一种蓄水养鱼的方法，它通过消费教育、消费引导和完善的销售服务，培养对本企事业的拥护者、爱戴者，培养本企事业稳定的顾客队伍和稳定的市场关系。

消费教育的形式很多，主要包括：为顾客和公众编辑发行指导性手册和刊物，举办操作表演会或实物展览会，帮助用户、顾客认识和熟悉新产品的性能、技术等；举办培训班，培训销售人员和顾客掌握使用和保养产品的知识；向报纸、杂志、电台、电视台提供有关新产品的介绍资料；开设咨询服务中心等回答公众的问题。

要建立企事业与消费者的稳固关系，必须先筑塘蓄水，然后将千万条游进塘里的鱼儿奉养起来。某服装品牌曾采用这样的方法维护顾客：他们平时非常注意收集顾客信息，建立顾客档案，维系同顾客的联系。每当换季时节，都为顾客寄去印制精美的问候卡和彩色时装折页，上面有十几种该店新近推出的时装精品图片。这种走进人心的问候和富有人情味的软性推销，的确是一种挡不住的诱惑。所以，消费者系列化是一种长期的、较高层次的公关活动。所谓"蓄水"，就是要坚持不懈、锲而不舍地投入爱，进而使企事业与消费者的关系犹如"鱼水之情"。

（四）与消费者保持通畅的信息渠道

企事业要建立与消费者的良好关系，就必须与消费者保持通畅的信息流，以了解和掌握顾客的消费需求、消费心理和消费习惯，搞好市场预测。

沟通信息的基本手段有：进行舆论调查，利用信息反馈，把有关的反映和信息及时告知企事业的有关部门，并协同其他部门，进行全方位的公共关系活动。美国的一家公司，公共关系人员协同企事业的领导和有关部门，开设了一所"倾听顾客意见学院"，派专职人员收集、分析、处理来自消费者的意见。

（五）及时妥善处理顾客投诉

在社会中，消费者同组织发生冲突、纠纷和隔阂是常见的事情。在流通领域中，消费者认为企业在销售产品时，以次充好，以假乱真，刊登名不副实的广告；在服务性企业中，消费者认为服务人员态度粗鲁，服务设施与收费标准不符等。这一切现象都称为侵犯消费者的权益，消费者或直接投诉企事业，或诉之于司法机关，或通过新闻传播媒介披露，于是就发生了企事业同消费者的纠纷。

在处理消费者同企事业的纠纷时，首先要做到善于听取消费者的意见，情绪激愤的投诉者往往会采用偏激的态度、尖锐的措辞，公关人员应平心静气地听取顾客投诉，尽量让他们倾吐不满、宣泄郁闷，这样会起到"降温"和"灭火"的作用。如今，"平息怒气、和气生财"已经成为协调顾客关系的最主要手段之一。另外，不论顾客采用何种批评方式，都要以他们所提的意见为线索，对事实的真相做调查，在查清事实的基础上，与消费者充分交流意见，求同存异，达成谅解。纠纷的处理和解决，要努力使顾客满意，对顾客的承诺一定要及时实施。同时，还要将解决的结果通过新闻媒介加以传播，这样，就有可能把不利于企事业的舆论引导到有利于企事业的方向上去。

为了保证对消费者投诉进行快速、统一处理，许多组织建立了详细的投诉控制制度。消费者服务专家一般持有以下观点：

（1）企事业单位应该主动接受消费者投诉。

（2）所有投诉在收到后应登记在册。

（3）投诉方在投诉被接受的时候要被告知问题将会如何处理。

（4）为解决投诉问题采取的行动要敏捷。

（5）迅速通知投诉涉及的公司人员和部门并记录他们的反应。

（6）对当前投诉行为进行的分析应该以预防未来同类问题的发生为目标。

公共关系和市场营销相互合作，能培养客户的信任和忠诚度并促进产品和服务的销售，能从消费者活动中获得最大收益的组织是那些不断听取客户意见并对此采取相应行动的组织。

第三节 办公室应急公关管理——危机公关

一、危机公关概述

（一）公共关系危机和危机公共关系

公共关系危机，是指由于组织内部或外部的种种因素，严重损害了组织的声誉和形象，使组织陷入了强大的社会舆论压力之下，并处于危机之中的一种公共关系状态。公共关系危机种类很多，如火灾、食物中毒等引发的重大伤亡事故；地震、海啸、泥石流及其他自然灾害造成的重大损失；由于产品质量和社会组织的政策和行为引起的信誉危机等。对这些危机事件处理不当，会产生严重的后果。

危机公共关系，是指危机发生时的公共关系管理活动，即用公共关系手段减少危机给组织与公众带来的影响，进而寻求公众对组织的谅解，以重新树立和维持组织形象。如果说公共关系危机是一种状态，那么危机公共关系强调的则是一种行为过程。

（二）公共关系危机事件的特点

所谓危机，危中有机。"危"意味着危险，"机"意味着机会。

1. 危机之"危"

（1）突发性。危机大多是带有明显的突发性特点的事件。正是因为它的突发性和难以预测性等特点，使其一出现就会让人们感到意外、恐惧和恐慌，会给组织带来一定程度的混乱。组织要想处理好此类事件，就必须具有很强的灵活性和应变能力。

（2）危害性。危机一般对组织形象、组织生存的环境和发展前景都会产生负面影响，甚至造成破坏性影响，包括生命财产损失、持续混乱和人心恐慌等。危机不仅会影响组织的正常运行，而且会对组织的良好形象产生致命的打击，甚至可以把一个组织置于危险的状态之中。处理此类事件，往往需要调动组织的各种力量，综合运用各种手段，全力以赴进行处理。

（3）聚焦性。危机是一种极易引起舆论、媒体、公众高度关注和社会聚焦的事件。危机的信息传播往往比危机本身发展更快，伴随事件发生而来的强大的社会舆论压力，常常会成为危机事件处理中最棘手的公共关系问题。

（4）复杂性。危机具有显著的复杂性。无论是处理危机、控制危机，还是协调与危机有关的方方面面，都非常复杂，一旦发生危机，往往涉及比平时更多的人力，需要投入大量的金钱和物资。通常，如果一个企事业发生灾难事故，又造成人员伤亡，其涉及的单位、部门从十多个到几十个不等，范围会非常广泛。

2．危机之"机"

危机对组织的危险与威胁不言而喻，但危机并不等于组织的彻底失败。危机之中往往孕育着转机，甚至蕴含着许多难得的机会。危机应对及时，处置有效，修复完好，对组织是一次锻炼，对组织领导人、公共关系人员和合作伙伴是一次考验，对全体员工也是一种历练。经历了转危为安，组织会更成熟。妥善应对危机，还会提升组织的形象，为组织赢得良好的声誉。

■ 二、公关危机预防

"防范于无"一直是我们应对危机的主要策略。公共关系危机事件也是可以预知和防范的。前提是，我们要了解公关危机的成因，强化危机意识，加强危机监测，制定危机应对预案。

（一）公共关系危机成因

1．组织内部因素

（1）缺乏危机意识。我国不少社会组织，特别是一些企事业单位缺乏危机意识，缺乏应对危机的整套管理体系和方法，在组织平安无事时，一般不会有未雨绸缪的防范意识和战略考虑，也不太注重公共关系活动。而当出现了影响组织发展的突发负面事件时，又往往有病乱投医，进行无序的公共关系活动，这往往又会导致组织的负面形象进一步恶化。

（2）经营决策失误。组织经营决策失误是造成危机的重要原因。很多营利性组织的决策行为往往都从组织自身的利益出发，忽视了社会的利益，由此造成了组织的利益目标与社会的利益目标相对立，使组织的经营活动得不到社会公众的支持，进而导致无法经营，甚至使企事业走上绝路。

（3）公共关系策略失误。社会组织要通过持续不断的公共关系活动与公众进行沟通，同时也要通过各种公共关系策略来塑造组织形象，促进组织目标的实现。如果社会组织公共关系策略失误，就会对组织公共关系工作产生误导，造成人为危机，如一些组织通过收买某些媒体进行虚假宣传，通过欺骗方式进行公共关系活动，当事实真相被公众知道，就会给组织带来很大的负面影响。

2．组织外部因素

（1）遭遇不可抗力因素。

1）自然灾害。自然灾害是指社会组织无法预料和抵抗的自然事件，如地震、洪水、火灾等。当自然灾害发生时，就会使组织无法开展正常的活动，造成巨大损失，带来严重危机。

2）社会事件。社会组织是社会的产物，它的产生与发展离不开一定的社会背景。组织需要社会为它提供人力、物力及广阔的市场，以保证满足组织生存和发展的各种条件。如果社会资源短缺、能源紧张、环境污染，特别是发生战争、动乱等重大事件，势必危及组织的正常运行，进而发生公共关系危机。

（2）体制政策因素。国家和地区的经济体制和政策，是构成社会外部环境的核心，对组织的生存与发展有重大影响。如果体制不顺，政策对组织的发展不利，组织经营活动就会遇到很大的阻力，甚至会陷入欲进不能、欲退不忍、裹足不前的困境，进而使组织陷入困境。

上述因素中，组织内部因素即主观因素是可控的，是通过组织的自身努力可以避免或有效解决的。组织的外部因素即客观因素是不可控的，但社会组织也不能完全被动、无所作为。社会组织可以通过有效的公共关系活动对这些不可控因素施加积极的影响，促使它们向积极的方向发展，从而给组织发展营造较好的外部环境。

（二）树立危机意识

危机意识，是指在单位的长期发展战略中，应充分考虑和预测组织将来可能面临的各种危机，以确保组织在平稳顺利发展的时期，也能对未来可能出现的危机状况做好精神和物质的全方位准备的一种思想和心态。树立危机意识，是组织危机管理的基础和起点。

1．危机意识的作用

（1）提高员工日常工作的警觉性，避免不当行为诱发危机。

（2）培养员工发现危机征兆的能力，尽可能将危机消灭在萌芽状态。

（3）力求确保在危机发生时，全体人员能够冷静面对，避免不必要的恐慌，防止危机蔓延。

2．危机意识的内容

（1）提高警惕性。在灾难与危机发生之前保持充分的警惕性，将危机萌芽与爆发的可能性维持在最低水平。站在组织管理层的角度，提高危机来临的警惕性，关键在于对组织的经营和管理工作保持高度的警惕；站在员工的角度，只有员工具备了危机意识，才能深切体会到组织的产品或服务存在的隐患有可能给顾客带来的巨大损失，以及对自身职业生涯的危害。这样才会促使员工提高对产品服务的质量要求，增强工作的自觉性与高效性。

（2）培养洞察力。组织的危机不可避免，但危机在发生之前都会出现一定的征兆。通过对员工进行培训和日常性的演练，员工可以在一定程度上具备识别危机先兆的能力。如果组织的每一位员工都能对此类危机来临前的征兆了然于心，组织的危机就能得到充分抑制。

（3）增强行动力。充分有效的危机意识能使组织在危机发生时沉着冷静、正确有效地处理危机，防止危机的进一步恶化和扩散。只有在正确的危机意识指导下，组织才能通过对组织整体结构和员工心理素质的调整，塑造对抗危机的行动能力。

（4）拥有判断力。拥有判断力是指组织能够在危机发生后，通过对关键时机的把握，转危为机，变被动为主动，力争在危机之后创造组织发展的新阶段。在危机面前，组织不仅应做到应对自如，还应善于把握隐藏在危机中的新的组织发展机遇，实现危机制胜的远大目标。

（三）建立预警系统

1．公共关系危机预测分析

（1）从同行危机中分析预测。处于同一行业的组织面临的条件比较接近，尽管这些公共关系危机可能没有在组织身上发生，但对组织来说，仍具有发生的可能性。因此，组织可以通过借鉴同行发生公共关系危机的情况，来推测自己组织发生危机的可能性，从而一方面尽量避免公共关系危机的发生，另一方面在危机发生时能够及时应对。

（2）从组织发展历史分析预测。找出组织发展过程中曾经发生过的每一次公共关系危机事件的档案，从中分析总结，发现潜在的危机。组织的发展中所出现的每一次公共关系危机事件既是组织的教训，也是组织的宝贵经验。通过对组织过去的公共关系危机产生的原因、处理的方式和方法进行分析，可以找出组织公共关系危机产生、发展的规律，从而更好地预防公共关系危机。

（3）从组织性质特点分析预测。不同性质的组织有不同的公共关系危机。因此，社会组织应该清楚自己组织的性质，列出发生各种公共关系危机的可能，根据本组织的特点，着重检查相应方面，及时发现和排除隐患。

2．构建公共关系危机预警系统

根据组织外部环境和内部条件的变化，建立一套能够感应危机来临信号的预警系统，通过对危机风险源、征兆进行不断监测，从而在各种信号显示危机来临时能够及时向组织发出警报，提醒组织采取行动，以实现对系统未来可能出现的公共关系危机进行预测和报警。构建公共关系危机预警系统的步骤如下：

（1）确立需要发出危机预警的对象，并按重要性排序。

（2）根据预警对象，确定危机监测的内容和指标。

（3）确定危机预警系统所需的技术和资源。

（4）评估危机预警系统的性能，包括准确性、可信度和稳定性。

（5）向组织员工讲解系统功能及作用，指导员工根据危机预警做出反应。

3．监测公共关系危机隐患

大部分公共关系危机在爆发前都会出现某些征兆，所以应当及时捕捉这些危机预兆，监测危机隐患。公共关系危机监测的重点有如下几个方面：

（1）加强公共信息与组织经营信息的收集分析，及时掌握公众对组织活动的反应和评价。

（2）加强与重点客户的沟通，及时关注其变化趋势，使关键客户成为组织的稳定支撑。

（3）经常分析竞争对手的生产经营策略和市场需求发展变化的趋势。

（4）定期和不定期地进行自我诊断，分析组织的生产经营和公共关系状态，客观评价组织形象，找出薄弱环节，采取必要措施。

（5）开展多种调研，研究及预测可能引起组织危机的突发事件，把组织危机因素消灭在萌芽状态。

（四）制定危机预案

危机预案，是指预防危机的方案，既可以作为预防或减少危机产生的手段，又可以作为检查管理部门执行防范危机的根据。

1．危机预案的拟定程序

（1）危机预案的规划与设计。对组织所有可能面对的危机问题，依据危机产生原因、危机影响程度进行分类，制订相应级别的危机应对预案。

（2）危机预案的评估与选择。运用各种管理工具对制定的应急方案进行全面、详细的评价，选择满意的方案。

（3）危机预案的演练与完善。采用模拟实战的演练方式对危机预案不断进行检验。通过开展定期危机模拟演练，提高相关人员的危机意识和临危应变能力，确保在危机实际发生时能高水平地处理危机。

2．危机预案的具体内容

（1）组织机构问题。处理危机事件的中心组织结构、有关人员具体安排、相关人员职责，对这些方面既要规定全面，又要注意对不同情况有随机应变的准备。

（2）对外窗口问题。既要规定危机事件中由谁来统一口径、统一对外讲话和发布新闻，还要规定组织各方面人员与外部人士接触的责任。

（3）传播信息问题。预先制定好一旦意外发生时，通知有关组织、新闻机构及各类型公众的传播计划和媒介方案。

3．危机预案的注意事项

预案制定后，需要对其进行反复检查，使预案真正做到有的放矢，起到及时处理危机和减少危机损失的作用。制定危机预案要考虑以下几个方面：

（1）预案目标要有效达成。

（2）要具备足够的应变能力。

（3）财务预算控制在组织承受范围内。

（4）能够彻底解决问题，并不会造成后遗症。

（5）危机预案真正有必要。

危机事件预警机制虽然具有重要意义，但没有一个组织能将其做到完美无缺。危机预案要按最坏的情况设计，要明确设立预警启动、升级、降级的数量和质量指标，指标要结合实际、科学全面，以控制事态发展的规模和速度。危机发生后，要根据危机规模、性质和影响范围迅速启动相关预案，公共关系人员应依据制定的紧急预案迅速做出反应，并尽快使既定的紧急预案转变为实际的、切实可行的处理危机的公共关系活动计划。

三、公关危机处理

公共关系危机处理就是要控制危机、解决危机。一是要在思想上临危不惧；二是要掌握准确信息，及时预警，确认危机；三是要积极应变，立即行动，适时沟通；四是要亡羊补牢，转危为安，控制危机，解决危机。

（一）公共关系危机的发展阶段

危机发展一般经历突发期、扩散期、爆发期、衰退期四个阶段。

1. 突发期

危机事件突然发生，直接影响到组织、企事业的生存状态与发展前景。危机突发是向人们发出警告，这时如果对危机视若无睹，那么在危机扩散阶段，任何控制危机的努力都会变成对损失程度的控制。

2. 扩散期

危机一经到来就不会自行消失，如果不能将其控制、消灭在萌芽状态，问题一经披露，经过批判投诉、媒体追踪、舆论传播，其负面影响就会逐渐扩散开来。

3. 爆发期

危机爆发是指危机在扩散、积蓄到一定程度后，对组织、对社会造成的影响突然增强。

4. 衰退期

衰退期是指社会关注急剧下降或转移，危机影响力逐渐衰退的阶段。

（二）公共关系危机处理的原则

公共关系危机处理的原则主要包括承担责任原则、真诚沟通原则、速度第一原则、系统运行原则、权威证实原则。

1．承担责任原则

危机发生后，公众会关心两方面的问题：一方面是利益问题，因此无论谁是谁非，组织都应该承担责任。即使受害者在事故发生中有一定责任，组织也不应首先追究其责任，否则会各持己见，加深矛盾，引起公众的反感，不利于问题的解决。另一方面是感情问题，公众很在意组织是否照顾自己的感受，因此组织应该站在受害者的立场上表示同情和安慰，并通过新闻媒介向公众致歉，解决深层次的心理、情感关系问题，从而赢得公众的理解和信任。

2．真诚沟通原则

当危机事件发生后，组织处于危机旋涡中时，是公众和媒介的焦点。组织的一举一动都将受到质疑，因此千万不要有侥幸心理，不要企图蒙混过关。应该主动与新闻媒介联系，尽快以真诚的方式与公众沟通，说明事实真相，促使双方互相理解，消除疑虑与不安。

真诚沟通是处理危机的基本原则之一。这里的真诚指诚意、诚恳、诚实。一是诚意，在事件发生后的第一时间，组织的高层领导应向公众说明情况，并致以歉意，从而体现对公众负责的组织文化，赢得公众的同情和理解；二是诚恳，一切以公众的利益为重，不回避问题和错误，及时与媒体和公众沟通，向公众说明危机处理的进展情况，重拾公众的信任和尊重；三是诚实，诚实是危机处理最关键也最有效的解决办法，人们会原谅一个人的错误，但不会原谅一个人说谎。

3．速度第一原则

在危机出现最初的 12 ～ 24 小时，消息会像病毒一样，以裂变方式高速传播。而这时，可靠的消息往往不多，社会上会充斥着谣言和猜测。组织的一举一动将是外界评判组织如何处理这次危机的主要根据。媒体、公众及政府都密切关注组织发出的第一份声明。对于组织在处理危机方面的做法和立场，舆论赞成与否往往都会立刻见于传媒报道。因此，组织必须当机立断、快速反应、果断行动，与媒体和公众进行沟通，掌握处理危机事件的主动权，从而迅速控制事态，否则会扩大突发危机的范围，甚至可能失去对全局的控制。危机发生后，能否首先控制住事态，使其不扩大、不升级、不蔓延，是处理危机的关键。

4．系统运行原则

在处理整个危机事件的过程中，组织者要按照危机处理预案，全面、有序地开展工作。处理危机的过程是一个完整的系统，环环相扣。若要顺利处理危机事件，任何一个环节都不能出问题。因此，组织一定要坚持系统运行原则，不能顾此失彼，从而保证及时、准确、有效地处理危机事件。

5．权威证实原则

作为组织，尤其是生产企事业和经销企事业，产品质量是企事业得以生存和发展的保障。产品质量的好坏不是自己说了算，自己称赞自己是没用的，没有权威的认可只会徒留笑柄。尤其是在危机发生后，企事业必须请重量级的第三者在台前说话，用"权威"说法来证明自己，使消费者解除对自己的质疑心理，重获信任。

（三）公共关系危机处理的程序

公共关系危机的处理是一项复杂而系统的工作，社会组织在处理所面对的每一项微观而具体的危机事件时，往往会采取不同的策略。但与其他事物一样，公共关系危机处理也应遵循危机事件发生、发展的规律与特点。公共关系危机处理的程序如下：

1．启动预案，成立组织

公共关系危机发生后，要迅速判断危机事件的级别，并启动相应的危机应急预案，成立由组织主要领导亲自负责、各职能部门负责人参加的危机处理小组，并制订危机处理方案和危机公共关系的目标、具体行动计划，明确危机处理小组的责任，协调、管理危机公共关系流程，开展有效的内外部沟通。

2．深入现场，弄清事实

危机处理小组要深入现场，开展调查，弄清公共关系危机发生的时间、地点、原因、有无人员伤亡和财产损失以及造成了怎样的影响，评估危机形势，调查涉及哪些组织和人员，并采取有力措施控制事态进一步发展。

3．迅速处理，安抚公众

公共关系危机发生后，要按照危机处理小组的部署和规划，迅速有效地开展工作，确认危机事件的利益相关者，了解他们的情况，与他们及时沟通，表达组织的关心，积极主动地承担责任，赔礼道歉，赔偿损失，做好善后工作。安抚公众、缓和对抗很关键，因为一般的处理方式往往是不断做解释工作，而这恰恰是危机处理的大忌，即便有千条理由，此时也应该安抚受害公众，真心诚意地取得他们的谅解，这样才有可能顺利化解危机。

4．联络媒体，主导舆论

危机发生后，各种传闻、猜测都会发生，媒体也会纷纷报道。这时组织应委派一人作为新闻发言人，及时发布组织的真实信息，增加信息透明度，减少盲目猜疑和流言的产生。同时，新闻发言人要主动与媒体联络，特别是与首先报道的记者联络，以填补信息真空，掌握舆论主导权。

（四）危机公共关系传播

危机事件发生后，在强大的社会舆论和可能产生的舆论压力面前，在新闻媒体的高度关注下，组织只有通过对公共关系危机的有效管理，才可能在公众面前树立稳定、可信的良好组织形象。公开和坦诚是对付危机的最好策略，而且是唯一可采取的策略。

1．危机信息沟通

在公共关系危机发生时，信息沟通被认为是有效的管理工具。在这方面，"3W"的危机公共关系沟通传播策略已经得到公共关系学界的普遍认可。

"3W"是指在一场危机中，沟通者需要尽快明确三件事：一是我们知道了什么（What did we know）；二是我们什么时候知道的（When did we know about it）；三是我们对此做了什么（What did we do about it）。危机发生后，组织寻求问题答案并做出有效反应解决问题的时间间隔将决定危机处理的成效。

2．危机信息发布

（1）应及时发布的信息。

1）事件发生的时间、地点。

2）死亡和受伤人数。

3）伤亡人员名单，包括死亡人员性别、年龄、职务、地址等。

4）经济损失情况。

5）本组织的基本情况，包括规模、产品、经营等方面的情况。

6）与事件有直接关系的其他背景资料。

（2）不宜发布的消息。

1）对事故的推测。推测的信息不可靠，很容易带来新的麻烦或纠纷。

2）传递延误的信息。延误的信息常常会被误解为掩盖事实，也将产生对组织管理水平的怀疑。

3）事故发生的原因和责任。这方面应由政府、组织当局和有关调查机构最终发布。过早或过多谈论此事，可能造成与最后结论相矛盾，也可能涉嫌干预调查和推卸责任。

（3）新闻发言人"五度"法则。

新闻发言人"五度"法则是指：

1）高度。作为公众人物，必须在以下两点具备认识上的高度：一是公众人物拥有更多的社会资源，理应承担更大的社会责任；二是引导社会舆论、实现社会正义是媒体的责任。

2）态度。人们会原谅一个犯错误的孩子，但不会原谅一个不认识错误的孩子。每个公众人物，在面对媒体时，始终应记住第一是态度，第二是态度，第三还是态度。

3）风度。保持低调谦逊，不要忘本，任何时候都不要得意忘形。

4）气度。作为新闻发言人必须有一定的气度，得饶人处且饶人。如果因为有理就咄咄逼人，只会降低组织在公众心目中的形象。

5）尺度。不要过激反应，不要自我纠结，不要给大家任何理由，让自己成为话题，更不要让自己成为关注的焦点。因为只要在话题中心，就会继续遭受伤害。

第四节　办公室应急公关管理——互联网公关

■ 一、互联网公关概述

（一）互联网公共关系的概念和内容

互联网公共关系是组织借助联机网络、计算机通信和数字交互式媒体，在网络环境下实现组织内部与外部双向信息沟通，协调组织与网上公众的关系，有效树立良好组织形象的经营管理活动。其主要包括以下内容：

（1）利用组织网页树立组织形象。

（2）利用网络新闻公告拓展公共关系业务。

（3）通过网络舆论创造良好的社会舆论氛围。借助网络为舆论的传播提供便利的途径，使得组织与公众各方面的意见及时、广泛、深入地进行交换。

（4）进行电子商务，追求公共关系整合效益。在电子商务条件下，公共关系职能与销售管理职能紧密结合，寻求与 ERP（Enterprise Resource Planning，企业资源计划）、CRM（Customer Relationship Management，客户关系管理）的相互联结，力求取得最佳的公共关系效果。

（二）互联网公共关系的特点

1. 公共关系的互动性

网络作为一种新型的公共关系领域，面向所有网民开放，无论什么人，只要能上网，在任何时间都可以通过网络了解组织信息，与组织进行沟通，表达自己的相关意见与建议。

在网络时代，公共关系对象不再仅仅是被动的信息接受者，他们拥有更大的选择余地，公共关系对象可以对网上信息进行编辑、加工，与公共关系人员共同参与到公共关系部门的各项活动中，提高互动性和参与度。

2. 公共关系的自主性

在互联网上，公共关系部门为了进行各种宣传活动，需要使用文字、版面、照片等，他们拥有自主决定权，只要他们的行为在法律允许的范围内即可，且不受编辑、记者的限制，也不再受到版面、字数等的限制。

3．公共关系的多样性

在互联网环境下，公共关系的信息传播方式是多种多样的，既有个人传播，如使用电子邮件等；也有集体传播，如建立网上论坛等，各种方式都有自己的优点，使公共关系具有多样性特点。

4．公共关系的迅速性

报纸、杂志、电视、广播等传统传播媒介传播信息所需要的时间比较长，而互联网上信息的传播是非常迅速的，其他传播方式都无法比拟。

5．公共关系的可靠性

传统的公共关系从信息发送到信息送达可能会存在错误和纰漏，不一定可靠。网络时代的公共关系借助互联网这一平台，可以将信息发布在网上，并能够根据情况及时进行修改、增减和调整，可以时刻对效果进行跟踪和检验，具有相当的可靠性。

6．公共关系的廉价性

传统公共关系花费的成本是巨大的，而互联网公共关系具有其他方式无可比拟的成本优势，比如通过发送电子邮件、建立网上论坛等就可以开展公共关系活动。

7．公共关系客体的隐蔽性与无边界性

在网络上，网民的身份只是一个数字代码，可以是一个人也可以是一个组织，可以是专家也可以是普通民众。在网络的虚拟世界里，网民可以自由地通过符号化信息表达自己的意见，没有地域界限，没有等级约束，甚至不存在一个固定的"意见领袖"。

■ 二、互联网公关方式

（一）传统互联网公共关系的方式

1．网络媒体新闻、网上新闻发布会

组织有重大事件发布或者是举行线下新闻发布会，可邀请相关媒体，或与媒体合作，同期举办网上新闻发布会或设立新闻专题，向更广泛的受众全面传达企事业信息。由于网络信息容量大，不受篇幅限制，可兼有音、视频等效果，并可即时与网民互动，因此，网上的新闻发布会可达到更佳的公共关系效果。

这种互联网公共关系采用的平台一般有以下几种类型：

（1）综合性门户网站。

（2）行业性门户网站或媒体。

（3）新闻媒体的网络版。

（4）网络出版物。

2．BBS 论坛或社区网站

一些比较专业的行业在网上形成社区圈子的情况比较多，人们也比较喜欢通过这种社区化的交流共享专业信息与经验，或者组织团购等。而且由于这些社区的信息出自网民或业界领袖，往往对网民的影响比较大，因此，组织应该关注网上有关社区的信息或活动对企事业的影响，及时采取相应的对策。

这种互联网公共关系采用的平台一般有以下几种类型：

（1）门户网站或行业门户的专业 BBS（Bulletin Board System）论坛。

（2）专业社区网站。

（3）网络媒体开设的论坛。

3．网上公共关系活动

重要媒体或门户网站由于担当着重要的网络信息传播途径，在其平台上组织的各种活动比较容易引起网友的参与和互动。因此，大多数组织会选择这些网站开展公共关系活动或者为线下的活动作宣传。另外，网络媒体也可以通过这种途径，丰富其平台的内容，吸引更多的网络受众。

（二）新媒体时代公共关系的方式

1．自媒体矩阵

（1）微信。微信是当下最流行、用户量最多、用户体验最好的社交媒体，它集即时通信、传播媒介、社交工具、交易平台和支付手段于一体，正在繁衍出一个与普通大众息息相关的生态系统。公众号与朋友圈很好地实现了群体传播、组织传播、大众传播和人际传播的融合，人们交往的间隔越来越小。可以每周推送一次消息的服务号和每天推送一次消息的订阅号，较好地增加了接触频度；正在兴起的微店很有可能是电子商务的下一个超级平台。

（2）微博。微博是一种通过关注机制分享简短实时信息的广播式社交平台，其关注机制分为单向和双向两种，注重时效性和随意性，可以表达每时每刻的思想和最新动态。

（3）微视频。微视频内容广泛，形态多样，可通过电脑、手机、摄像头、DV等多种视频终端摄录或播放。其内容大部分是原生态的生活片段，也有专题式、栏目化的专业制作，通常发布于社交媒体，如视频分享网站、社区论坛和手机平台。微视频平台，如抖音、快手等，已经成为新媒体时代公共关系管理的主要阵地。

（4）App。App是Application的缩写，是一种应用程序，特指智能手机的第三方应用程序，可在专门手机软件应用商店购买下载。App实质就是手机上的自媒体。相对于其他自媒体，其功能更全、更强大，不受平台商诸多限制，但难以推广。

2. 社会化营销

社会化营销也称"社会化媒体整合营销"，通常利用社会化媒体、网络和平台进行推广。社会化营销的主要参与者是用户，而且这些用户是自发、自愿参与的，他们与营销组织者不存在直接的雇佣或利害关系。

（1）口碑营销。口碑营销指企事业在品牌建立过程中，通过客户间的相互交流将自己的产品或者品牌信息传播开来。传统的口碑营销是指企事业通过亲友相互交流将自己的产品或品牌信息传播出去。互联网时代的口碑营销，主要通过社交媒体实现。

口碑营销大多发生在朋友、亲戚、同事、同学、网友等关系较为密切的群体之间，在口碑传播过程之前，他们之间已经建立了一种相对稳定甚至长期互信的关系。相对于纯粹的广告、促销、商家推荐等，基于熟人圈、朋友圈的口碑营销可信度更高。

（2）病毒式营销。病毒式营销是指借助用户的社会人际网络，使信息像病毒一样传播和扩散，通过快速复制的方式传向广大人群。

病毒式传播的社交媒体工具有论坛、短信、邮箱、软件等。病毒式营销已成为网络营销最强有力的武器，也是最可怕的谣言传播手段。

越来越多的组织与商家凭借它进行营销推广。

病毒式传播比一般口碑传播更突出的特点是传播速度超快，传染性超强，监控、免疫与阻断非常困难，一旦流行便呈几何式增长扩散。病毒式营销的关键是研发能够快速传染目标受众的"病毒式"事件或话题。

（三）互联网公共关系效果评估

1．定性评估

（1）影响力分析。影响力分析包括有无名人微博自发撰文讨论或引用；有无资讯频道在显著位置推荐；有无其他非合作媒体进行话题跟进及二次传播放大。

（2）网络舆论分析。网络舆论分析包括分析网络舆论的评论情况，网络舆论正面、负面和中性的评论比例；统计被搜索引擎抓取的比例、页面排列的页次与位置；网民关注点等。

2．定量分析

（1）曝光次数。曝光次数指总体发布量、浏览量、点击量、转载量、回复量等。

（2）广告当量。广告当量指相关宣传内容折合成对应网站的广告刊例价。

（3）单人点击成本。单人点击成本指每次活动的平均CPC（每次点击付费广告值），将其与行业常用平均值进行对比。

（4）转化率。对比活动前后用户的使用、关注、参与的数据，例如线上活动的注册人数、参与人数、网站PV（页面浏览量）/UV（不同IP地址访问人数）值和销售量等，即可得出转化率。

（5）第三方数据。在一次活动实施前后，对比百度搜索指数等数据，或者委托第三方调研公司，调查品牌或者产品的知名度及美誉度变化情况。

■ 三、互联网公关技巧

互联网已经无孔不入，利用网络进行营销，已经成为许多单位的日常性工作之一。网络传播有其自身的特点，网络受众也有自身的喜好，因此，只有掌握互联网公关的技巧，才能更好地进行互联网公关。

（一）技巧之一：学会做"标题党"

网络稿件标题与稿件正文内容往往处于不同的页面，标题是用户第一眼看到的东西，必须想方设法吸引用户，引导他们尽快进入主体部分。标题好不好，对网民是否有吸引力，这是网民能否有兴趣进一步阅读网络稿件正文的关键。网络稿件标题的作用有以下几点：

1．传播信息

人们在浏览网络信息时，对于一般的信息，只需要了解即可，并没有深究的欲望。因此，网络标题的第一作用就是传播信息。网络编辑要把最重要、最有价值的稿件信息进行概括和浓缩，以标题这一特殊形式来呈现。这时标题既有依托固有的内容信息而存在的从属性，同时也有独立传播信息的作用。

2．吸引网民

吸引网民点击标题和阅读正文，是网络标题的基本功能之一。吸引网民注意力的因素是多种多样的，如重要、新鲜、有趣的内容，正确、中肯的评价，优美、生动的表现形式等。表现同样的信息内容，文字简洁、通俗易懂的标题要比复杂、艰涩的吸引力强，具体形象的要比抽象概括的好，有广泛趣味的要比专业枯燥的吸引力强。

3．评价引导

网络标题的评价引导主要是指标题在概括网络稿件内容的基础上，通过揭示稿件内容的本质，引导网民理解稿件内容的意义，或直接表明态度和立场，给网民以启迪，引起网民共鸣，以达到舆论引导的作用。

4．向导索引

在没有正文出现的情况下，标题成了网民选择所需信息的向导，网民通过标题可选择阅读相关信息的全文，从而实现以最快的速度获得最多的有用信息。网络标题能够作用于网民的因素有以下两点：

（1）网民对标题所提供信息的需要程度。

（2）标题对网民的吸引程度。在同一级别的网络标题中，只有具有创造性、新颖性的标题，才能吸引网民的注意力。

5．页面美化

网站的主页面以及网站的各个栏目的主页面大部分是通过标题得到展示的，网民上网首先看到的是网站的主页面，其次是各个栏目的主页面。因此，利用好网络稿件标题，对于网站页面的美化将起到非常重要的作用。标题的页面美化主要体现在以下两个方面：

（1）使页面条理清晰，层次分明。网页上的标题通常为一行，字数相近，排列有序，会使网民上网阅览时一目了然，赏心悦目。与此同时，网站的各个栏目通常是把性质相同的一组稿件组成一个个板块，并冠之以一个大标题或专栏，各个标题依序排列，使得网站页面整齐而不凌乱、美观而不花哨。

（2）通过标题的字符、色彩等的变化使网络页面变得丰富多彩。在页面设计中，标题的排列应遵循在对比、平衡、统一、节奏等方面符合人的视觉习惯的原则，使页面尽可能以此来显示出符合绝大多数网民审美要求的页面美，吸引网民接受页面内容，点击标题并阅读有关信息内容。

6．展示风格

网站要赢得受众的青睐，必须具有自己独特的风格。而网站风格个性的形成依赖于多种因素，其中网络标题是形成网站风格、体现编辑思想的重要手段。

（1）从内容上来看，网民登录网站首先看到的是网站主页面的各式各样的标题，各网站筛选稿件的价值标准首先也体现在网站主页面的标题上，尤其是体现在那些头条稿件的选择上。

（2）从形式上来看，不同网站风格不同，编辑会运用不同的编排手法和方式对稿件标题做一些个性化处理，或点缀别具一格的题花、线条，或运用独特的字符、色彩，或用图片做衬底等。网站长期对标题采取独特的编排、美化方式，会形成自己的风格，这样容易让网民熟悉，久而久之，网民一看网站主页面就知道是哪一个网站。

总之、网络标题既受网站个性的制约，也能够积极地展示网站的风格，同时，网络标题的制作特点也是形成网站独特风格的重要因素。

（二）技巧之二：运用好互联网语言

1．讲真话

在互联网时代，人们的每一句真话都有可能被传到网上，讲真话是一个单位诚信的表现，将会获得更多公众的认可，因此也是互联网公共关系技巧之一。

2．讲人话

互联网时代，以人为本。在传递信息时，要留给受众说话的空间。这跟以前的公共关系工作大不一样。比受众参与空间更重要的是信息的调性。不同的语境，说话的调性不一样。同一个人，演讲时说话的调性跟谈恋爱时就不一样，酒桌上说话的调性跟商务谈判时也不一样。在互联网的语境中，传统的堂堂正正、铿锵有力的信息风格，就像一个人平时上街买烧饼、买西瓜时，用播音腔跟人对话一样，显得"不说人话"。

讲人话，会使人如沐春风，说话办事都很舒服，也就能更好地传递信息，从而实现双向沟通。

3．讲笑话

讲笑话，其实就是指讲话要有幽默感。在公共关系世界里，大多数公共关系人员都会遇到棘手的情况。当出现紧张的局面时，幽默可以帮助人们放松，能让人们更清晰地思考，做出更好的决定。

幽默是公共关系场合最好的润滑剂，即使遇到十分棘手的难题，或遇到意外的讽刺和嘲笑，不失时机地说几句幽默的话也能帮助自己摆脱窘境，使尴尬或难堪的局面消失在笑声中。当然，讲笑话也要分事情、分场合，受众喜欢轻松愉快的信息，但是关键性的信息，一定不能是轻松愉快的。

（三）技巧之三：内容为王

1．有趣

有趣是指某事或物对你而言很有兴趣，进而也就有了进一步了解和传播的兴趣。

对于组织而言，有趣除了吸引别人看、烙下品牌记忆外，还要利于信息传播。公众已经知道的信息是废话，公众不关心的信息是噪声，公众没听过并且感兴趣的信息才是有价值的信息。

互联网在不断地发展，互联网用户也在不断变化，作为网络公共关系的从业者，不能故步自封，而要与时俱进，保持积极的进取心和对互联网最大的兴趣，而且要时刻想着做出最有趣的东西，让更多的人接受，这是互联网公共关系群体最需要关注的。

2．有用

有用是指有功用、有用处、有利用价值。

随着网络的普及以及社会公众对网络的依赖，网络已经成为公众对某一组织印象、评价的第一来源，而且网络上信息传播迅速，短时间内就能产生巨大的影响力，网络日益成为组织日常公共关系活动的主阵地。

在做网络公共关系工作前，要清楚地说出以下信息：产品或者服务，能为谁带来什么好处。这是做营销工作的前提。当通过网络推广或者口碑营销吸引目标用户到达自己的网站或 App 后，用户第一次接触网页时，只会停留 10 秒甚至更短的时间。这一切意味着在网络推广工作中能清晰地描述自己的产品，推广的内容达到用户的痛点，这就是要做对客户有用的工作。

3．有料

有料就是有内涵，有内涵就是有高度、有深度、有宽度、有厚度。

（1）要腹中"有料"。只有腹中有料，才能妙语连珠。料不足，倒来倒去就那点儿东西。料足，将取之不尽，用之不竭。这就要求从事网络公关的人员，既要紧跟潮流和热点，同时也要不断提升自身的知识素养，只有知识广博，才能更好地"表达自我"。

（2）要有技巧地"倒料"。如果茶壶里煮饺子——有料倒不出，资源就会白白浪费，烂在肚子里成为死料。有料只是前提条件，有技巧地把料倒出来，也是说话有料不可或缺的必要条件。这就需要公共关系人员对日常说话的习惯进行分析，对众多精彩的讲话进行研究，发现其中的规律，并将这些规律进行总结和概括，提炼出说话的模型和技巧。

参考文献

［1］吴述平．事业单位办公室管理工作创新初探［J］．中国产经，2024（3）：182-184.

［2］张海楠．大数据视域下办公室文书档案管理［J］．中国报业，2024（4）：132-133.

［3］崔利军．企事业办公室人员开展思想政治工作的有效思路［J］．中文科技期刊数据库（全文版）社会科学，2023（4）：130-132.

［4］王晓晓．企事业单位办公室文书档案信息化管理策略探析［J］．中国管理信息化，2023（10）：194-196.

［5］王韦．新形势下企事业单位人力资源管理创新对策探析［J］．中文科技期刊数据库（全文版）经济管理，2023（7）：45-48.

［6］王倩.信息化环境下企事业单位电子文档保护方法探析[J].机电兵船档案，2023（2）：44-46.

［7］王倩．加强企事业单位下属企事业档案管理工作的实践和思考［J］．机电兵船档案，2023（1）：75-77.

［8］郑贝兰．新时代办公室行政事务管理策略研究［J］．警戒线，2023（5）：129-132.

［9］吴小艳．事业单位办公室档案规范化管理措施［J］．办公室业务，2023（5）：22-24.

［10］朱艳绒．做好办公室工作推动事业单位高效运转［J］．经济与社会发展研究，2023（1）：119-122.

［11］杨燕凤．新发展形势下事业单位办公室行政管理工作的策略［J］．活力，2023（13）．

［12］孙思楠．新形势下事业单位办公室综合事务的认识与思考［J］．办公

室业务，2023（11）：4-6.

[13] 李晶.基于大数据的事业单位办公室文书档案管理分析[J].办公室业务，2023（2）：148-149，192.

[14] 刘培德，史德芬.新时代做好机关事业单位办公室文秘工作的路径［J］.办公室业务，2023（2）：124-125，131.

[15] 石晓岚.强化企事业单位财务内控管理策略［J］.经济技术协作信息，2023（6）：223-225.

[16] 钟政.论事业单位转企改制后财务内控管理的改进［J］.投资与创业，2020（12）：59-60.

[17] 陈秀均.从企事业单位内控差谈内部管理[J].管理观察，2015（25）：106-107，110.

[18] 徐铁辉，王雪飞.浅析企事业单位的财务管理与内控制度［J］.中小企事业管理与科技，2008（27）.

[19] 杨鹤.事业单位会计工作中的内控管理问题探讨[J].中国市场，2021（11）：141-142.

[20] 王晓萍.浅析当前企事业单位财务管理的问题与对策［J］.民营科技，2018（10）：193-194.

[21] 童慧琴.企事业单位财务管理的科学化与精细化趋势概述[J].环球市场，2020（17）：95-96.

[22] 邵华.事业单位转企改制后财务管理的改进措施探讨［J］.企业改革与管理，2019（13）：128，135.

[23] 孙辉.事业单位企转后财务内控的改革思路分析[J].财富生活，2022（8）：82-84.

[24] 杨帆.营造企事业内控环境促进内控管理实施运用［J］.中国民商，2021（2）：80-81.

[25] 魏胜男.事业单位转企财务管理浅析［J］.财富生活，2023（11）：100-102.

[26] 董雅薇.事业单位财务管理内控机制的建设和风险防范［J］.中外企事业家，2021（28）：49-50.

［27］张琳．强化内控管理筑牢风险防线［J］．环球市场，2022（33）：
　　　161-163．

［28］秦旭军.行政事业单位会计内控管理薄弱环节及应对措施[J].中国外资，
　　　2013（2）：68．

［29］彭秀萍．关于行政事业单位财务内控的困境及对策［J］．中国民商，
　　　2021（8）：209-210．

［30］吴宁丽.财务管理内控制度建设及风险防范措施[J].经济技术协作信息，
　　　2023（7）：142-144．

［31］曾莉.企事业单位内控建设的误区与对策分析[J].现代营销（下旬刊），
　　　2020（2）：181-182．

［32］陈德谱.完善企事业单位会计核算和财务管理内部控制[J].全国商情（理
　　　论研究），2012（3）：69-70．

［33］张靖．完善企事业单位会计核算和财务管理内部控制［J］．中文科技
　　　期刊数据库（全文版）经济管理，2022（10）：103-105．

［34］李焱文．经营性事业单位转企改制的财务管理研究［J］．市场调查信息，
　　　2023（20）：182-184．